KB068002

계몽의
시대

경희대학교 후마니타스칼리지 ◎

우리가 사는 세계

사상의

전통과 가치

계몽의

시대

ENLIGHTENMENT

Humanitas College, Kyung Hee University | The World We Live In | 서동은 지음

── 서구는 어떻게 세계를 지배하게 되었는가 ──

2011년 봄 학기에 경희대학교는 한국 대학의 역사에서 획기적인 교양교육 프로그램을 출범시켰다. 후마니타스칼리지라는 이름으로 출범한 이 새로운 대학 교양교육 프로그램은 당시 한국 대학은 물론 한국 사회 전체에 커다란 충격을 주었다. 대학이 대학다워야 하며 대학이 바뀌어야 미래가 바뀐다고 선언한 후마니타스칼리지의 새로운 프로그램은 한국 사회의 열렬한 관심을 받았다.

거의 대부분의 한국 대학이 취업 준비 학교로 전락한 뼈아픈 현실을 지적하고 나름의 대안을 제시한 이 행동의 당위성을 인정하는 것은 손쉬운 일이다. 하지만 그러한 당위가 실제 행동으로 나타나기 위해서는 기존 현실을 새롭게 바꿀 만한 충분한 역량이 성숙되어야 한다는 엄혹한 진실은 흔히 망각된다. 현실에 대한 철저한 이해와 비판적 대안을 가진 새로운 세대는 강력한 의지로 세상을 바꾼다. 후마니타스칼리지의 교수진은 미래 사회를 만들어갈 젊은 세대가 인간과 세계에 대한 확고한 이해가 결여되어 있다고 판단하고 대학 졸업자라면, 미래의 지도자라면 그것을 반드시 알아야 한다고 판단했다. 그리고 기존 대학 교육은 그것을 제공하지 않고 단지 취업에 필요한 단편적 지식만 전수하고 있다고 판단했다. 그래서 그들은 19세기 이후 한국 사회가 축적한 근대 경험과 세계 인식의 총화를 새로운 교과과정 설계에 쏟아부었다.

후마니타스칼리지가 채택한 교양교육의 교과 구성에서 가장 핵심적인 필수교과는 한국의 인문지성 역량과 그들이 파악한 세계를 잘 보여준다. 독자가 현재 쥐고 있는 책은 후마니타스칼리지 프로그램에서 전교생 필수과목으로 지난 10년간 가르쳐온 교재 『문명전개의 지구적 문맥Ⅱ : 우리가 사는 세계』를 대중 독자를 위해 친절하게 해설한 것이다. 이 교과에서 적용되는 사유는 다음과 같이 요약할 수 있다.

지금 우리가 살고 있는 세계는 어떤 세계인가. 인류 문명은 오래전 지구상에 나타났지만 현재 우리가 살고 있는 문명은 최근에 발명된 것이다. 지구상에 현생인류가 등장한 것은 35만 년 전쯤의 일이다. 그때 인간은 생김새나 행동에서 유인원과 여러 모로 유사했지만 조금 다른 유전자를 가지고 있었다. 그 조그만 차이가 35만 년 동안 실로 놀라운 변화를 만들어냈다. 코끼리나 다람쥐, 그리고 물벼룩은 35만 년 전의 조상과 비슷한 행동을 하며 살고 있다. 그들이 35만 년 전의 조상 무리와 만난다면 큰 어려움 없이 함께 어울릴 수 있을 것이다. 하지만 인간은 그동안 생존 방식에서 실로 엄청난 변화를 이루어냈고 35만 년 전의 인류와 21세기의 우리는 유전자만 비슷할 뿐 완전히 다른 생활을 하고 있다. 35만 년 전의 인류와 우리가 만난다면, 서로가 동일한 인류라는 사실을 믿기 힘들 것이다. 이 차이를 가져온 것을 우리는 '인류 문명'이라고 부른다.

인류 문명은 끝없는 가치판단과 선택에 따라 새로운 사회를 만들어왔다. 그래서 우리가 살고 있는 현재의 인류 문명은 1,000년 전의 문명과 완전히 다르다. 지금 이 세계는 약 500년 전 유럽에서 시작된 근대 문명이 만든 세계라고 할 수 있다. 다양한 문화적 차이에도 불구하고 현재 인류는 거의 공통적인 세계 인식을 가르치고 배우고 있다. 인터넷으로 연결된 세계 인식의 그물망에서 공유된 상식과 핵심적 지식은 대부분 지난 500년간 서구 사회에서 시작되고 발전된 산물이다. 서구 문명이 지난 몇백 년간 지구를 지배하고 있는 현실을 부정할 수는 없다. 서구로 하여금 지구의 지배 세력이 되게끔 만들어준 이 근대 문명의 핵심이 무엇인가. 그것을 철저히 알지 않고서는 그것의 한계를 넘어 극복할 수 없다.

서구의 근대 문명이 동아시아로 올 때, 점잖게 오지 않았다. 근대는 동아시아인이 감당하기 힘든 엄청난 힘으로 밀려왔다. 일본은 미국의 페리 제독이 군함을 끌고 나타났을 때 600년 전 몽고군을 막아준 신의 바람, 가미카제가 아무런 소용이 없다는 걸 이미 알고 있었다. 네덜란드와의 교역 경험을 통해 서양의 근대가 가진 힘을 알아차리고 있었기 때문이다. 동아시아인이 전통적으로 세계의 중심이라고 믿고 있었던 중국은 유럽 열강과의 소규모 전투에서 너무나 맥없이 무너졌다. 다른 동아시아 국가보다 서양 문명을 조금 빨리, 그리고 적극적으로 받아들인 일본이 얼마 뒤 러시아는 물론이고 중국과의 전쟁에서 이겨 서구 근대 문명의 힘을 증명함으로써 동아시아가 나아갈 방향은 정해졌다.

자신들의 문화적 전통을 버리고 서양 문명을 전면적으로 받아들이려는 시대의 흐름은 지금까지도 동아시아의 문화적 정체성에 강력한 영향을 미치고 있다. 하지만 동아시아가 서구 문명을 받아들여 사회를 개조하고 새로운 시대에 부응해간 과정을 단순히 서구 문명의 승리로 요약할 수는 없다. 동아시아인의 문화적 전통은 뿌리 깊다. 서구의 근대적 가치는 동아시아에서 아직도 강력한 힘으로 작용하고 있지만, 그 새로운 문명을 받아들여 적극적으로 이해하고 자신들의 사회에 적용해간 힘이 동아시아의 뿌리 깊은 사회·문화적 전통에서 나온다는 사실 역시 중요하다.

한국이 지난 150년 사이에 겪은 사회적 변화는 경험의 고유성만이 아니라 정도의 면에서도 비교할 만한 다른 사례를 찾아보기 힘들다. 근대를 받아들이자는 결심 아래 국왕이 전근대의 상징 같았던 상투를 지목하고 자르라고 명령했을 때 도끼를 들고 나타나 목을 잘랐으면 잘랐지 상투는 못 자른다고 하던 것이 1895년 조선의 선비들이었다. 그런데 그로부터 100년 후에 한국인들은 성형 천국으로 세계에 이름이 나 있다. 그사이에 무슨 일이 벌어졌던가? 한국은 스스로의 힘으로 근대적 국민국가를 만들지 못하여 식민지가 되었고 식민지에서 벗어나자마자 사회 구성에 대한 이념적 갈등으로 동족 간의 전쟁을 치렀다. 그러나 전후에는 전 세계에서 가장 빠른 속도의 압축적 근대화를 이룩해서 선진국 대열의 꽁무니에 이르렀다. 지난 100년 동안 한국인들이 사회를 바꾸고 새로운 문화를 만든 과정을 이렇게 간단히 요약하는 것은 역사 망각의 지름길이다. 한국 사회가 새로운 문명을 받아들여 오늘에 이른 것은 초기의 충격 수용으로부터 시작해서 한국인들이 가진 삶의 총체적 능력을 전면적으로, 최대한 발휘해서 얻어낸 것이며 동시에 엄청난 고통과 희생을 동반했다.

현재까지도 한국은 근대가 몰고 온 사회적 변화의 열병을 앓고 있다. 이 열병은 동시에 한국 사회의 생명력의 표현이다. 동아시아에서 가장 강력한 유교 사회를 만들어 500년을 지속한 것이 조선이다. 한국의 사회·문화적 전통은 상상 이상으로 완강해서 100년 전 조선의 지식인들이 감당했던 위기감과, 그에 따른 해결책 모색은 지금도 생생히 살아 있는 문제의식을 보여주고 있다. 차이가 있다면 그때는 바꿔야 할 것이 많았고 지금은 바꾸지 말아야 할 것도 생각할 수 있게 되었다는 점이다.

인류는 35만 년 동안 헤아릴 수 없이 많은 발견과 발명을 거듭하면서 의식주를 해결하고 삶의 조건을 개선시키며 인류 문명을 만들어왔다. 우리가 사는 근대 세계의 관점에서 볼 때, 불의 발견이나 도구의 발명에 비견할 만한 인류사의 대사건은 근대 문명이다. 그 핵심에는 과학혁명이 있다. 현재 지구상의 인류 문명을 특징짓는 획기적 변화가 시작된 것이 과학혁명부터라는 말이다. 과학혁명과 함께 세계는 그 이전의 세계이기를 중지하고 시대는 근대로 이행했다. 세계는 달라지고 인간의 사고방식에도 대전환이 일어난다. 새로운 세계, 새로운 문명이 탄생한다. 역사는 이 새로운 세계와 문명을 근대 세계라 부르고 근대 문명이라 부른다.

근대 문명은 서구 문명이 이룩한 독특한 '돌파breakthrough'의 하나다. 진리 생산을 향한 과학의 정신과 방법, 비판적 사유, 탐구의 자유에는 재갈이 물리고 무지와 오류를 시정할 길은 막혀 있었다. 이 난국을 돌파하려 한 최초의 대표적 시도가 과학혁명이고 근대 문명이다. 그 혁명 이후의 인류는 이 돌파의 수혜자들이며 한국인들도 그중의 하나다.

이 책을 읽는 독자 여러분은 한국 사회에서 과거의 것이 바뀐 것과 바뀌지 않은 것이 무엇인가를 생각하게 될 것이다. 거기서 21세기를 사는 여러분의 자리가 드러날 것이다. 21세기의 한국인은 유럽인이자 세계인으로 살아간다. 지금까지 문명을 결정했던 장소는 더 이상 우리를 얽어맬 수 없다. 태어난 곳이 한반도라고 해서 삶이 한반도로 제약될 수 없는 시대가 이미 펼쳐지고 있다.

이 책은 경희대학교 후마니타스칼리지에서 10년간 가르쳐 온 「우리가 사는 세계」를 각 분야별로 재구성한 것으로서 그 내용은 서구가 창안하고 발전시킨 근대 문명의 핵심적 성과를 한국의 지식인들이 나름의 방식으로 이해하고 요약한 것이다. 지난 몇백 년간 서구는 놀라운 물적·정신적 발전을 보여왔고 그에 기반한 무력으로 세계를 지배해왔다면 우리는 그들이 이룬 문명 전환과 돌파의 정신을 이해하기 위해 우리 나름의 전환적 인식과 돌파를 준비해야 한다. 이 책은 그런 측면에서 한국 인문학의 꽃이다. 식민지 경험과 분단, 전쟁을 겪고 극도의 궁핍을 넘어서 K-문화의 개화를 맞은 지금, 인간과 세계를 한국 인문학은 어떻게 이해하고 요약하고 있는지를 이 책은 잘 보여주고 있다. 과거를 성찰하고 인간의 미래를 상상하는 독자들에게 이 책은 최상의 동반자가 될 것이다.

경희대학교 후마니타스칼리지 학장
이영준

계몽의 다양한 의미

계몽enlightenment이란 말은 시간과 공간을 넘어선 큰 개념으로 이해되어야 한다. 다시 말해 어떤 특정한 시기에 인간 사회가 곤경에 처했을 때 그것을 넘어서기 위해 노력하는 개인과 공동체의 긍정적인 측면, 이런 것들과 연관 지어 역사를 길고 넓게 바라보아야 한다는 뜻이다.

'계몽'이라고 하면 우리는 먼저 서양의 17~18세기를 떠올리고, 이 책에서 다루는 내용도 주로 그 시대에 맞추어져 있다. 하지만 고대 그리스 철학자들이 신화적 사유에서 벗어나 이성적 질문을 던지기 시작한 것, 곧 뮈토스Mythos에서 로고스Logos로 인간의 사유가 발전한 것도 계몽으로 이해될 수 있고, 고대 인도에서 석가모니가 힌두교 전통의 사성제四姓制 계급을 깨고 모두에게 부처가 될 수 있는 불성佛性이 있다고 설파한 것도 획기적인 계몽의 사건이라 할 수 있다. 또한 중국 춘추시대에 인간을 초월한 하늘의 명령[天命]을 극복하고 도道가 지배하는 인간 세상을 이루고자 했던 노자와 공자의 사상, 고대 이스라엘 사람들의 신앙이 신에 대한 무조건적인 숭배에서 모세를 통한 신과의 계약으로 이행한 것도 인류 문명사에서 놓칠 수 없는 대목이다. 그런 시야에서는 칼 야스퍼스Karl Jaspers가 명명한 차축시대 車軸時代, Axial age(인류 문명에서 종교와 철학이 탄생한 기원전 900~기원전 200년)를 진정한 계몽의 시대라고 불러야 할지도 모른다.

그럼에도 우리가 서양의 17~18세기에 등장한 계몽사상을 특별하게 다루는 이유가 있다. 수학에 대한 절대적인 신뢰 위에 성립한 서양의 과학혁명, 그리고 이에 기초한 합리적 이성에 의한 계몽이라는 점에서 앞에 언급한 계몽과 그 성격을 달리하기 때문이다. 이 책은 우선 이런 관점에서 그 시대 계몽사상가들의 생각, 그리고 그들의 업적과 한계를 서술한다.

인류는 오랫동안 여러 가지 방식으로 세상을 이해하려고 노력해왔다. 19세기 프랑스의 철학자 오귀스트 콩트Auguste

Comte(1798~1857)는 문명의 긴 역사를 세 단계로 요약했는데, 신화적 언어로 사유했던 신학의 시대, 정합적 논리로 세계를 설명하려 했던 형이상학의 시대, 수학적 증명을 통해서 얻은 지식을 참된 지식으로 인정했던 과학의 시대가 그것이다. 물론 지금도 여전히 신화적으로 혹은 형이상학적으로 사유하는 사람이 많다. 그럼에도 오늘날 우리는 서양의 근대에 확립된 과학 사상과 계몽주의 전통에 입각하여 사유하는 방식을 합리적이라고 받아들이는 데 익숙해져 있다.

그렇다고 해서 모든 지식이 '과학적'이어야 하고 '합리적'이어야만 할까? 이런 생각은 자칫 서양 문명을 중심에 놓고 나머지 문명을 폄하하거나 무가치한 것으로 간주해버리는 어리석음을 범하는 일이 될 것이다. 비록 최근의 역사가 이러한 방식으로 발전해왔다 할지라도 그런 일방적 관점은 인류 문명의 지식과 가치를 단순한 이분법으로 도식화하여 다른 쪽을 배제하는 결과를 가져오기 때문이다. 실제로 서양 문명은 '계몽의 독단'에 빠져 여타 문명을 단지 '개화'의 대상으로 보거나, 제국주의로 발전하여 다른 국가나 민족을 침략하기도 했다. 그런 이유에서 서양의 근대적 가치를 무비판적으로 수용하는 대신, 인간 의식의 변화라는 역사적 관점에서 우리가 살고 있는 세계를 서양 계몽주의자들의 사상을 중심으로 조망하고자 한다.

이 책의 곳곳에서는 서양 문명이 확립한 근대적 가치의 중요성을 강조해서 설명하고 있다. 그 이유는 이러한 가치들이 여전히 오늘날의 현대 세계를 규정하고 있기 때문이며, 때로 그 수용 과정에서 그 가치가 왜곡되거나 정당성을 제대로 평가받지 못하고 있기 때문이다. 예를 들어 동아시아의 근대 수용, 특히 한국과 일본의 경우 경제적 가치에 치우쳐서 근대화를 진행해왔다는 비판에서 벗어날 수 없다. 불과 60년 만에 압축적인 근대화를 이루면서 우리는 이성에 기초한 계몽, 인권, 민주주의, 그리고 그것들의 토대가 되는 건전한 개인주의 등 중요한 가치들을 망각하거나 배제해왔다. 이 점에서 보면 서양의 근대는 오늘날 한국에서 여전히 미완의 과제인 셈이다.

언제부터인가 근대를 넘어서는 탈근대 혹은 포스트모던의 가치들이 갑자기 수용되면서 우리는 근대의 가치를 그 역사적 정당성 가운데서 배울 기회를 놓쳐버렸다. 그 결과 물질적이고 외적인 차원에서는 서양 근대의 것을 충분히 받아들이면서도 그 근대 문명을 가능케 했던 정신적인 가치는 받아들이지 않고 여전히 전통적 가치관에 갇혀 문화 지체 현상이 나타나는 경우가 드물지 않다. 가령 서양의 근대적 유산 가운데 하나인 자유 시장경제 원리를 신봉하면서도 그 심층적 차원의 정신적(도덕적) 가치를 외면한다면 우리는 왜곡된 자본주의의 덫에 걸려들 수 있다. 마찬가지로 역사적 맥락을 제거한 채 계몽주의 시대의 사회계약론자들이 제창한 민주주의만 따로 떼어서 마치 그것을 근대 민주주의와 시민정신의 본질로 이해한다거나, 서양의 민주주의 이념과 가치만 맹목적으로 따를 경우 우리는 종합적이고 거시적인 안목을 잃고 독단에 빠질 것이다.

오늘날 우리는 서양의 근대가 남긴 유산의 한복판에서 살고 있다. 이 책의 목적은 지금 우리가 살고 있는 세계가 어떤 과정을 통해서 오늘에 이르렀으며, 현재 직면하고 있는 문제가 무엇인지를 비판적으로 성찰할 기회를 가져보자는 것이다. 이는 역사란 과거와 현재의 대화라는 E. H. 카Carr(1892~1982)의 역사 철학적 전제에 바탕을 두고 있으며, 서양 근대의 비판과 수용을 내세웠던 마르틴 하이데거Martin Heidegger(1889~1976)의 해체적 사유와도 통한다. 서양의 근대가 오늘 우리에게 가져다준 계몽 주의 전통과 근대적 가치를 비판적으로 수용할 때 우리는 더 나은 미래로 나아갈 수 있을 것이다.

차례

제1부

계몽의

빛

DISCOURS
DE LA METHODE

Pour bien conduire sa raison,& chercher
la verité dans les sciences.

PLUS

LA DIOPTRIQVE.

LES METEORES.

ET

LA GEOMETRIE.

Qui sont des essais de cete METHODE.

A LEYDE
De l'Imprimerie de IAN MAIRE.
CIↃIↃC XXXVII.
Auec Priuilege.

제1부 계몽의

빛

ENLIGHTENMENT

01

'안다'는 것은
과연 무엇인가

수학과 계몽사상

서양의 근대 계몽주의 전통을 다루기에 앞서 인류 문명사에서 유일무이하고도 획기적인 사건을 이야기하지 않을 수 없다. 그것은 바로 16~17세기의 과학혁명이다. 코페르니쿠스에서 갈릴레이, 케플러, 뉴턴으로 이어지는 과학혁명의 과정은 이미 잘 알고 있을 것이다. 그런데 이때를 특별히 '과학혁명Scientific Revolution'의 시기라고 부르는 것은 니콜라우스 코페르니쿠스Nicolaus Copernicus(1473~1543)가 인간의 관점을 지구 중심에서 태양 중심으로 완전히 '회전'시켰기 때문이다.

그가 지동설을 주창한 책 『천구의 회전에 관하여De revolutioni-bus orbium coelestium』(1543년)의 '회전revolutionibus'이 바로 오늘날 '혁명'이라는 단어로 정착된 것이다. 그렇다면 어떤 점에서

혁명적 관점의 전환이 있었던 것일까?

우리가 일상생활에서 '안다'라고 말하는 경우는 매우 다양하다. 우리는 보통 어떤 사람을 안다고 하거나 자전거 또는 자동차를 운전하는 법을 안다고 말한다. 공감을 통해서 상대방의 마음을 알기도 하며 윤리적·실천적 의미에서 무엇을 해야 할지를 안다고 말하는 경우도 있다. 감각적으로는 눈으로 보아서 아는 것이 있는가 하면, 손으로 만지거나 귀로 들어서 아는 경우도 있다. 혀로 맛을 보아서 알게 되는 미각 체험도 있다. 암기해서 머리에 저장하는 기억의 앎, 타인과 구별해서 자신의 고유성을 자각한다는 의미의 앎도 있다. 과거의 역사적인 사건을 현재의 상황과 비교함으로써 한 시대를 비판적으로 안다고 말하기도 한다. 다른 사람에게 들어서 아는 것도 있고, 유명한 (또는 권위 있는) 사람이 말해서 알게 되는 지식도 있다. 이처럼 다양한 앎의 양상이 있는데, 서양 근대의 앞선 사상가들은 이러한 모든 앎이 주관적인 앎에 불과하며 그것을 넘어서는 '객관적인 앎'의 차원이 있다고 생각했다. 그리고 그 앎은 수학과 기하학을 통해서 가능하다고 보았다.

잘 알려져 있듯이 르네 데카르트René Descartes(1596~1650)는 '방법적 회의'를 통해서 객관적 앎에 이르고자 했으며, 수학이야말로 객관적 앎의 전형에 해당하는 것으로 간주했다. 그리고 이러한 앎의 정도에 따라서 확실성의 정도를 구분 지었다. 데카르트뿐 아니라 서양 근대의 사상가들은 객관적 앎이 가능하며, 인간의 관점이 아닌 보편자의 시선에서 바라보고 이해하는 것도 가능하다고 생각했다. 그들에게는 귀납법이나 연역법을 통해 수학적으로 설명할 수 있는 것이 곧 객관적인 앎이었고, 이러한 앎에 비하면 우리가 일상생활에서 '안다'고 말하는 차원의 앎은 아직 진정한 의미의 지식이 되기에는 부족한 것이었다. 프랜시스 베이컨Francis Bacon(1561~1626)은 아리스토텔레스의 연역법이 이미 알려진 사실을 서술할 뿐, 새로운 지식을 주지 않는다고 비판하면서 귀납법을 통해서만 확실한 지식에 이를 수 있다고 주장했다. 그와 달리 데카르트는 근본적으로는 아리스토텔레스의 전통에 따라 연역법적 사유를 적용해 공리를 세우고, 그 공리에 따라 확실한 것들을 서술해나갔다. 서양 근대의 과학적 시선으로 보면 객관적 앎은 귀납법과 연역법을 적용해 자연을 탐구하고 수학으로 설명할 수 있는 것이었다.

앎에 대한 관점의 대전환은 새로운 생각으로 인도되었다. 인간은 어떻게 객관적인 앎에 이를 수 있을까? 그것은 경험에 의한 것인가, 아니면 선천적으로 타고난 인간의 능력 때문인가. 계몽시대의 철학자들은 아무것도 모르는 백지상태를 전제하고 경험의 축적을 통해 객관적 지식에 이를 수 있다고 생각하는가 하면(예를 들면 존 로크), 객관적 지식은 본래 수학적 직관에 의한 것이므로 경험보다는 타고난 측면이 더 강하다고 생각했다(예를 들면 르네 데카르트).

　그런데 임마누엘 칸트Immanuel Kant(1724~1804)는 이 두 가지의 상반된 관점을 모두 수용해 지성과 감성이 동시에 작용하여 객관적 인식에 이를 수 있으며, 인간의 이성은 그러한 능력을 지니고 있어서 종합적 판단을 할 수 있다고 생각했다. 칸트에 따르면 인간은 근본적으로 자연을 객관적으로 바라볼 수 있는 능력이 있으며, 타자의 입장에서 생각할 수 있는 도덕적 이성도 가지고 있으므로 자신의 능력을 발휘해 무엇이 옳은 일인지 ‘객관적으로’ 판단할 수 있다. 칸트는 이런 생각을 아름다움에 대한 영역으로까지 확장해 자연을 관찰할 때와 똑같은 의미의 객관성은 아니지만 ‘구체적 보편성’이라는 차원에서 아름다움에 대한 객관적인 판단도 가능하다고 생각했다. 칸트의 『순수이성비판』(1781년)은 앞선 시대에 이루어진 근대 과학혁명에 대한 인식론적 정당화라고 읽을 수도 있다.

　소크라테스Socrates(기원전 470?~기원전 399?)의 유명한 말 ‘Scĭo ne scĭo(나는 내가 모른다는 것을 안다)’에서 ‘안다’라는 뜻의 라틴어 동사 ‘scĭo’는 영어에서 과학을 뜻하는 ‘science’의 어근에 해당한다. 라틴어 단어 ‘scĭens’는 ‘잘 아는’이라는 뜻이다. 그렇다면 라틴어의 ‘잘 아는’이라는 단어에서 ‘science’가 나왔을 수도 있다. 그런데 ‘안다’라는 동사의 명사형으로서 ‘science’는 이제 소크라테스가 말하는 ‘자기 이해’의 의미를 넘어서는

제 1 부 계몽의 빛

새로운 의미를 획득하게 된다. 근대 서양에서는 어떤 것에 대해서 아는지 확인하려면 더 이상 개인의 감각이나 단순한 기억에만 의지하지 않고, 보다 정교한 귀납 또는 연역의 절차를 거친 다음 수학적으로 정량화할 수 있어야 했다. 단순히 말로 이해할 수 있다고 하는 차원에서는 진정한 의미에서 안다고 말할 수 없게 되었다. 진정한 지식에 도달하기 위해서 인간의 모든 언어는 수학의 언어로 번역되어야 했고, 수학의 언어까지는 아니더라도 수학의 언어에 준하는 단순한 기호로 치환되어야 했다.

서양의 근대는 지식에 대한 관점의 대전환과 더불어 인간이 이성의 능력에 자신감을 갖게 된 시대이다. 계몽사상가들은 인간이 다른 동물과 달리 자신의 이성으로 새로운 문명과 문화를 만들 수 있으며, 본능에 따라 반복적인 삶을 사는 것을 넘어 문명을 향해 진보해나갈 수 있다고 생각했다. 인간은 이제 자신의 이성적인 능력을 잘 발휘하기만 하면 자연에 대한 합리적 설명뿐만 아니라 사회, 정치, 경제 등 모든 것을 충분히 설명할 수 있다는 자신감을 갖게 되었다. 또한 인간은 자신의 이성을 발휘할 의무가 있다고 생각했고, 이 의무를 게을리하면 계몽된 근대인이 될 수 없다고 판정했다. 칸트가 정언명령定言命令(가설적 조건 없이 무조건 따라야 하는 도덕법칙) 가운데 하나로 자신이 타고난 '이성을 발휘할 의무'를 넣은 것도 이런 맥락에서 이해할 수 있다.

이러한 이성에 대한 자신감이 계몽주의 시대를 열었고, 계몽적 이성은 중세 시대에 종교재판을 주재했던 교황의 위치에 서게 되었다. 중세의 교황은 자신이 가진 세계관에 따라 정통과 이단을 구별하고 이단을 파문에 처했는데, 근대 계몽주의의 과학 정신은 자신의 논리에 따라 지식과 지식 아닌 것, 계몽과 계몽 아닌 것을 구별할 수 있게 되었다. 볼테르Voltaire(1694~1778)가 '역사철학'이라는 개념을 도입해 자연과 구별하여 인간의 역사를 말하게 된 것은 이러한 인간 이성의 능력에 대한 찬가라고 할 수 있다. 이제 기존의 권위에서 벗어나, 있는 그대로의 자연과 구별되는 인간의 역사, 인간의 이야기가 시작된 것이다.

새로운 지식 혁명에 당대의 철학자 대부분이 동참했다. 계몽사상가는 물론이고, 자연과학 이외의 학문에 관여하던 사람들도 자연과학의 모델 위에 구축된 지식의 전당에 기꺼이 참여했다. 예를 들어 영국의 사상가 존 스튜어트 밀John Stuart Mill(1806~1873)은 도덕moral science과 사회과학도 자연과학처럼 반복 가능성과 예측성을 가진 학문이 되어야 한다고 생각했다. 이때로부터 현대에 이르기까지 각각의 학문은 자연과학의 모델, 곧 귀납과 연역을 통한 수학적 정량화에 기초하여 독립적으로 발전해왔다.

우리는 좋든 싫든 서양의 근대 문명이 성취한 지식의 대전환 이후를 살고 있으며, 오늘날 '과학적'이라는 말은 더 이상 의심할 수 없는 확실성의 지표로 통용된다. 이러한 확실성의 지표는 수학에 기초한 통계와 법칙성, 곧 반복 가능성에 기초를 두고 있다. 그런데 과연 인문학도 이런 방식으로 학문성을 보증받을 수 있는 것일까? 예를 들어 역사학에서 아무리 과거의 역사를 많이 탐구했다고 해도 그다음에 이어질 역사에 대해 예측하는 일이 가능할까? 불가능할 것이다. 도덕도 마찬가지이다. 인간이 어떤 상황에서 특정한 형태의 도덕적 행동을 한다는 사례가 수없이 수집되었다고 해도 모든 인간이 언제나 그 상황에서 똑같이 행동할까? 그렇지 않을 것이다. 그렇기 때문에 과연 인문학이 자연과학의 모델에 따라 학문성을 보증받아야 할까라는 의문이 들게 되는 것이다.

넓게 보면 '계몽의 시대'는 늘 있었다. 신화가 모든 질문에 해답을 제공하던 시기에 인간은 이성적이고 합리적으로 생각하려고 노력했으며, 그 결과 인간의 사유와 삶이 획기적인 전환을 맞이하게 된 때를 우리는 계몽의 시대라 부를 수 있다. 또한 기존의 불합리한 관습과 제도를 혁파하고 새로운 질서를 만들었던 시대 또한 계몽의 시대라 할 수 있다. 나라마다, 문화마다 계몽의 방식은 다르다. 그런데 서양의 근대인들이 성취한 계몽은 역사적으로 다른 계몽의 성취와 구별된다. 그 구별되는 특징이 바로 과학(특히 수학)에 기초한 합리성이다. 오늘날 우리가 알고 있는 서양의 근대 계몽사상가들은 1차적으로 당시의 자연과학적 지식에 정통했고, 이를 기초로 하여 사회·문화 전체를 바

꾸려고 노력했다. 그 역사적 과정을 살펴보기 전에 이러한 지식
혁명을 가능하게 했던 서양의 전통, 즉 수학적 지식의 전통을 잠
시 살펴볼 필요가 있다.

02

세상을
수로 파악하기

고대 이집트의 기하학과 인도인의 '0'의 발견

고대 이집트의 기록에서 이야기를 시
작해보자. 기원전 17세기에 이집트에서 작성된 아메스 파피루
스Ahmes papirus에는 총 64개의 문제와 그에 대한 해결책이 기록
되어 있다. 그중에는 지름이 9케트(당시 길이의 단위)인 원의 넓이를
구하는 문제와 빵 아홉 조각을 열 명이 어떻게 하면 공평하게 나
눌 수 있을까 하는 문제가 있다. 이것은 당시 왕실 서기이던 아
메스에게 아주 중요한 문제였다. 하나는 땅을 공평하게 나누어
세금을 공평하게 거두는 것과 관련되었고, 다른 하나는 피라미
드 공사장에 동원된 노동자들에게 급료(빵)를 공평하게 지급하
는 문제와 연결되어 있었기 때문이다. 그러니까 고대 이집트의
수학은 통치행위, 즉 공평한 과세와 분배 문제와 관련되어 시작

되었다고 할 수 있다. 이처럼 분배 문제와 연관된 수학적 고민은 오래전부터 시작되었지만, 오랫동안 비밀에 싸여 있었다. [1]

나일 강의 범람과 땅의 일그러짐은 토지의 구획에 관한 까다로운 문제를 낳았다. 범람으로 허물어진 땅은 직선 형태도 있지만 곡선 형태도 있다. 이때 제기된 것이 원의 넓이를 구하는 문제였다. 고대 이집트인들은 원의 지름에 9분의 8을 곱한 뒤 그 값을 제곱해서 넓이를 얻었는데, 그 값은 오늘날 파이$_\pi$를 사용한 계산과 거의 같다. 왜 그들은 이렇게 정확한 넓이를 구해야만 했을까? 곡물 수확량에 따라 세금을 공평하게 걷으려면 정확한 토지조사가 기본이었을 것이다. 경작할 땅을 농민에게 골고루 나누어 줄 때에도 도형에 관한 지식이 필요했다. 기하학geometry은 어원적으로 땅을 뜻하는 'ge'와 측정을 뜻하는 'metro'의 합성어이다. 그러니까 고대 이집트 관리들은 기하, 즉 '땅의 측량'을 잘해야 했다. 이때 정확하게 더하고 빼고 곱하고 나누는 일이 아주 중요했는데, 수학은 이런 현실적 문제를 해결하는 유용한 도구였다.

기록상 수학은 지금으로부터 약 3,700년 전에 파피루스 문서를 남긴 아메스에서 시작되었다고 하지만, 인간의 수학적 지식이 백지인 상태에서 원의 넓이를 계산할 수 있는 능력에 도달하기까지는 훨씬 긴 시간이 걸렸다. 흔히 생각하기를, 인간은 본능적으로 수학을 한다고 전제한다. 우리는 사물을 보면서 바로 개수를 세어보고 양을 잰다. 어떤 경우에는 정확한 높이와 넓이를 계산하려 한다. 그렇다면 인간에게 재고 달아보고 세는 능력은 언제부터 생긴 것일까?

눈에 보이는 거리를 재는 것에서부터 수학은 시작되었다고 한다. 이 능력은 영역 싸움을 하는 동물들이 인간보다 뛰어나겠지만, 동물과 달리 인간에겐 분류할 수 있는 능력이 있다. 우리는 자연 가운데 보이는 것들을 동물과 동물 아닌 것, 하늘에 있는 것과 땅에서 사는 것, 죽은 것과 살아 있는 것, 먹을 수 있는 것과 먹을 수 없는 것 등으로 분류할 수 있다. 또한 한 개짜리, 두 개짜리, 세 개짜리로 나누어 분류할 수도 있다. 그리고 이를 추상화 혹은 개념화할 수도 있다. 예를 들어 사물의 질적인 가치는 빼고 단지 그것이 가지고 있는 양적인 가치만 따져 '양 세 마리는 돌멩이 세 개와 같다'고 생각할 수 있는 것이다. 이와 같이 사물의 본질만 취하여 사유하게 되면 나중에는 실제 사물이 존재하지 않아도 개념의 형식으로 그 존재가 머릿속에 남게 된다. 이렇게 되면 숫자로 표시해놓은 항아리도 조약돌도 필요 없어진다. 남게 되는 것은 숫자의 개념뿐이다. 이렇게 인류가 수학적으로 추상화·개념화하여 사물을 파악하기까지는 5만 년이 걸렸다.

발굴된 바에 따르면 고대 이집트에서 피라미드 건축에 필요한 노동자들은 그 현장 주변에서 살았다. 당시에는 급료가

화폐가 아니라 빵이었는데, 이 빵을 배분하는 방법과 연관하여 수학 문제가 나왔다. 아홉 개의 빵을 노동자 열 명에게 어떻게 공평하게 나누어 줄 수 있을까? 당시 이집트인들은 분수를 썼다. 먼저 3분의 2에 해당하는 빵을 나누어 준다. 그다음에는 5분의 1로 나누어 주고, 그다음에는 30분의 1로 나누어 준다. 2/3+1/5+1/30로 순서대로 나누면 아홉 개의 빵을 열 명에게 똑같이(27/30=9/10) 나누어 줄 수 있게 된다. 기원전 1650년경 당시 고위 관리였던 아메스는 64개의 문제를 모두 정리한 뒤 서문을 썼다. '세상의 비밀에 다가가는 문은 수학이다.' 아메스 파피루스는 지금 영국의 대영박물관에 소장되어 있다.

지금까지 고대 이집트에서 유래한 수학의 전통을 살펴보았다. 이제 우리에게 숫자 '0'에 대한 사유 가능성을 열어준 인도로 떠나보자. 여행을 떠나기에 앞서, 잠시 '하노이의 탑'이라는 장난감을 소개한다. 여러 개의 원반과 세 개의 기둥으로 이루어진 간단한 장난감인데, 하나의 기둥에 크기대로 탑처럼 층층이 쌓인 원반을 다른 쪽 기둥으로 옮기면 된다. 금방 끝낼 수 있을 것 같지만 작은 원반 위에 큰 원반이 올라갈 수 없다는 규칙이 있어서 의외로 시간이 오래 걸린다. 원반이 한 개일 때는 한 번, 두 개일 때는 세 번, 세 개일 때는 일곱 번, 네 개일 때는 열다섯 번…… 이런 식으로 이동 횟수가 늘어나기 때문이다.

프랑스의 수학자 에두아르 뤼카Édouard Lucas(1842~1891)가

1883년에 고안한 장난감인데, 나중에 이런 전설이 보태졌다고 한다. 아주 먼 옛날 인도 갠지스 강 주변에 자리한 바라나시라는 도시의 한 사원寺院에 세상의 중심을 나타내는 큰 돔이 있었다. 그 안에 세 개의 다이아몬드 바늘이 세워져 있었는데 그중 하나의 바늘에는 64개의 순금 원반이 위로 올라갈수록 크기가 작은 순서로 끼워져 있었다. 승려들은 다음과 같은 신의 명령을 받았다. '너희는 이제부터 이 원반들을 다른 바늘로 순서대로 옮겨라. 단, 원반은 한 번에 한 개씩 옮길 것이며 큰 것을 작은 것 위에 얹지 말아야 한다. 이 일을 게을리하면 이 사원과 탑도 무너지고 세계는 종말을 고할 것이다.'

그렇다면 승려들이 이 임무를 수행하는 데 걸리는 시간은 얼마나 될까? 컴퓨터 프로그램으로 계산해보았더니 $2^{64}-1$, 대략 1,844경 번의 이동이 필요하고, 1초에 하나씩 옮긴다고 해도 약 5,849년이 걸린다고 한다. 인도인들은 기본적으로 인간이라는 존재가 무한한 삶의 여정 가운데서 찰나에 불과한 이승의 삶을 살 뿐이라고 생각하고, 무수히 많은 영원의 세계를 상상했다. 그들의 영원에 대한 갈망이 무한히 큰 수에 대한 갈망으로 이어진 것이 아닐까 한다. 그런 이유에서 인도의 사원을 무대로 삼은 전설이 더 설득력 있게 들릴 수도 있다. 아무튼 인도인들의 영원에 대한 갈망은 뜻밖의 기호로 표현되게 되었는데, 그것이 바로 위대한 수 '0'이다.

숫자 0이 인도에서 나오게 된 배경은 크게 두 가지로 설명될 수 있다. 하나는 1부터 9까지의 숫자로 표현하기 어려운 큰 수를 표시하기 위한 인도인의 아이디어였다는 것, 다른 하나는 인도의 천문학자 브라마굽타Brahmagupta(598~665?)가 처음으로 방정식에 도입한 것으로서의 숫자 0이다.

가장 늦게 태어났지만 가장 중요한 수가 0이다. 원래 우리가 아라비아숫자로 알고 있는 수의 체계는 인도인들이 만든 것이다. 1에서 순서대로 2, 3, 4, 5, 6, 7, 8, 9까지 세고 난 뒤, 그 다음 수를 셀 때 처음의 숫자 1을 가져오고 그 뒤에 0을 넣어서 10을 만드는 수의 체계를 만들어 사용한 것이다(다른 문명권에도 단위를 나타내는 비슷한 표시가 있었지만 0이라는 수의 지위를 얻지는 못했다). 이제 어떤 숫자 뒤에 0을 붙이기만 하면 그 크기가 무한정 커지게 되었다. 무한과 영원을 꿈꾸었던 사람들이기에 이러한 숫자의 탄생을 가능케 했던 것이다. 그리고 이것은 수의 혁명을 가져오게 된다. 오늘날 우리는 0이 없는 세계를 상상할 수 없다. 0은 근본적으로 없음이고 아무런 가치를 지니지 못한다. 그런데 그 없음의 자리에 있음으로써 무한이 가능해지는 아이러니가 발생한다.

숫자 0을 단순히 없는 것, 곧 공허로만 보지 않고 실재하는 가치로 전환시킨 것 역시 인도인이었다. 7세기 무렵, 인도 중부에 위치한 우자인이라는 도시는 인도 천문학과 수학의 중심지였다. 그곳의 천문관장으로 부임한 브라마굽타는 천문관장이었으면서도 천문학을 위한 수학만 연구하지 않고, 삼각법을 이용한 나무의 높이 재기, 히말라야에 있는 산 높이 재기, 그리고 지구에서 태양까지의 거리 재기 등을 취미로 삼았다. 삼각법은 고대 그리스의 수학자 히파르코스Hipparchos(기원전 190?~기원전 125?)가 창안했지만 현대적 의미에서의 삼각법은 인도에서 만들어졌다고 한다. [2]

브라마굽타는 수학 그 자체를 위한 0의 쓰임새를 찾아냈다. 숫자 0을 방정식에 도입해서 대수학의 발전을 가져왔던 것이다. 보통 사람들은 재산과 부채를 양수와 음수로 표현해서 양변의 합이 0이 되면 아무것도 없다고 생각한다. 그런데 브라마굽타는 여기에 머물지 않고, 이 없음의 자리를 활용하는 수학적 사유를 시도했다. 그가 제시한 방정식의 문제를 살펴보자.

소와 닭을 합치면 19마리이고
다리 수를 합치면 62개이다.
소와 닭은 각각 몇 마리일까?

소와 닭을 각각 x, y라고 바꾸어 방정식으로 표현하면 다음과 같다.

$x + y = 19$ ············· ①
$4x + 2y = 62$ ········· ②

①의 양변에서 y를 뺀다.

$$x + y - y = 19 - y$$

y가 없어진 자리에 0을 넣은 다음 x 값을 구한다.

$$x + 0 = 19 - y$$

$$x = 19 - y$$

x 값을 ②에 대입한다.

$$4(19 - y) + 2y = 62$$

$$76 - 4y + 2y = 62$$

$$76 - 2y = 62$$

$$14 = 2y$$

$$y = 7$$

그러므로 $x = 19 - 7 = 12$

소는 12마리, 닭은 7마리이다. 이 방정식에서 중요한 것은 숫자 0의 쓰임새이다. 우리는 보통 0을 아무것도 없는 것으로 생각하지만, 위의 방정식에서 보듯이 이 없음을 표시해서 다른 있는 것들과 연계시키면 복잡하고 어려운 문제를 더 잘 설명할 수 있게 된다. 공허, 다시 말해 무한대나 무한소를 인정해야만 존재의 세계가 더 잘 설명되는 것이다. 이러한 0의 발견은 공허의 의미와 영원을 사색하는 철학에서 나올 수 있다. 브라마굽타는 공허의 존재를 깨달은 철학자라고 할 수 있고, 그는 이 깨달음을 자신의 언어인 수학으로 표현한 사람이다.

공허를 모르는 상태에서는 존재를 깨달을 수 없다. 모든 것이 0으로 수렴되는 지점, 그것이 무한소의 방향이든 무한대의 방향이든 그 한계점에 이르러 사유하지 않으면 자신이 서 있는 세상에서 존재의 의미를 제대로 깨달을 수 없다. 블레즈 파스칼 Blaise Pascal(1623~1662)이 무한한 우주 가운데서 생각하는 갈대로서 유한한 존재인 인간에 대해 성찰했듯이 말이다. 이 점에서 무無는 존재와 동전의 양면을 이룬다. 서양인들은 인도인들이 발견한 0을 수용하여 지금의 문명을 만들어냈는데, 그들이 0을 이해하기까지는 800년이 걸렸다고 한다. 서양인들은 1에서 세상의 시작을 말하는데, 인도인들은 0에서 세상을 이해했다. 숫자 1에서 세상의 시작을 말하는 관점은 고대 그리스의 피타고라스와 플라톤에서 비롯된다.

03

무리수를 부정한
피타고라스

세상의 법칙을 자연수로 설명하다

우리는 저 유명한 '피타고라스의 정리'와 더불어 피타고라스라는 인물에 대해서도 잘 알고 있다. 그런데 그가 오늘날 우리가 사용하는 8음계의 창시자라는 사실과 '수학 문제를 푸는 것이 인간 영혼의 정화를 위해서 필요하다'고 주장했음을 아는 사람은 별로 없다. 더욱이 그가 플라톤에게 영향을 주었을 뿐 아니라 서양의 근대 과학에까지 막강한 영향력을 끼쳤다는 사실을 아는 사람도 그리 많지 않다.

피타고라스Pythagoras(기원전 582?~기원전 497?)는 그리스 최초의 철학자로 알려진 탈레스Thales(기원전 624?~기원전 546?)의 제자로, 이집트에서 공부하고 그리스로 돌아와 자신만의 교단(피타고라스학파)을 만들었다. 그는 당시 정치 집단의 지원을 받아 이 교단을 꽤 크게 확장시켰던 인물로 알려져 있다. 피타고라스의 정리도 실제로는 그 자신이 만든 정리가 아니라 이 교단에서 만들어진 것에 그의 이름을 붙인 것이라고 한다. 이들은 채식주의자로 살면서 수학 문제에 몰두하면 영혼의 구원(혹은 정화)에 이를 수 있다고 생각했다. 피타고라스학파 사람들이 생각했던 영혼의 정화란 수학을 통해 '객관 세계'를 고찰함으로써 감정이나 욕망에 휩싸여 사물을 왜곡하는 데서 벗어나는 것을 의미했다. 고대 인도인들의 숫자 0에 대한 관심이 영겁의 무한한 시간을 계산하고 현실 세계 안에서 해탈의 삶을 살기 위한 것이었듯이, 피타고라스학파 사람들 또한 영혼의 정화를 위해 숫자에 관심을 두었다. 이들의 숫자에 대한 생각은 오늘날의 눈으로 보면 다분히 자의적이고 사변적인 측면이 있지만, 당시에 이들은 숫자의 조합에 따른 세상에 대한 설명이 마법처럼 정확하게 들어맞는다고 생각했다.

피타고라스가 수에 접근하는 방식은 이집트에서 땅을 재거나geometry, 관리가 세금을 부과하고 거두어들이기 위해서 상황에 맞게 채택하는 실용적인 수학이 아니었다. 피타고라스학파는 수학적 비례와 도형의 비율에 관심을 갖고 그것들의 법칙성에 주목했다. 이들의 이러한 시도는 서구 근대 과학의 이론적 사고의 원형이라고 해도 과언이 아니다. 서구 근대의 이론적 사고란 실용적 목적에서 숫자를 다루는 것이 아니라 그런 것에서 한

발 물러나 세계를 메타meta(형이상학)적으로 바라보는 시도의 원형을 형성한다. 아리스토텔레스의 책 제목에서 유래한 '형이상학meta+physika'(물리적으로 보이는 세계 너머 또는 '자연학 이후'를 뜻한다)이란 말은 피타고라스학파 사람들이 실천했던 것에 그대로 부합한다. 이러한 점에서 볼 때 이들은 최초의 형이상학자 혹은 최초의 과학자라 불릴 만하다. 비록 이들에게 여전히 신학적이고 종교적인 사고가 혼합되어 있었다는 점이 근대의 과학자들과 조금 다르지만, 피타고라스학파 사람들이 자신만의 세계를 구축한 것은 엄밀하게 말하면 서구의 형이상학, 서양식 사고방식의 원조라고 해도 과언이 아니다. 세상을 수의 조합으로 파악하고 이를 수적인 비례에 따라 설명하려 한 것은 인간과 우주에 있는 힘의 법칙을 설명하는 데 결정적인 영향을 미쳤다.

피타고라스는 열 개의 점이 정삼각형 형태로 배열된 테트락티스tetraktys를 가장 완벽한 사물의 기본단위로 생각했다. 삼각형 모양의 점으로 배열할 수 있는 1부터 연속된 자연수를 삼각수三角數라고 하는데, 첫 번째 삼각수는 점이 한 개(점을 삼각형 형태로 본다), 두 번째 삼각수는 점이 세 개(1+2), 세 번째 삼각수는 점이 여섯 개(1+2+3)로 이루어져 있다. 네 번째 삼각수인 테트락티스는 점이 열 개(1+2+3+4)인데, 피타고라스는 이것이 세상을 이루는 가장 중요한 수적인 집합이라 여겼다. 여기에서 사각형, 오각형 등의 변형이 일어나고 궁극적으로는 원 모양의 형태가 만들어진다고 보았다.

  기원전 4~5세기에 활동한 데모크리토스Democritos(기원전 460?~기원전 370?)가 세상은 더 이상 쪼갤 수 없는 원자로 이루어져 있다고 주장했지만, 그보다 약 100년이 앞선 시대에 피타고라스는 세상의 모든 물질은 수적인 조합에 따라 이루어져 있다고 생각했다. 피타고라스에 따르면 1은 세상 만물의 시작이다. 이것은 점으로 표시될 수 있는데, 이 점이 모여서 선분을 이루고, 선분이 모여 평면을, 평면이 모여 입체를 만든다. 숫자 1은 '존재'를 뜻하는 그리스어 우시아ousia에 해당하며, 점에서 시작하여 원에 이르는 모든 기하학적 모형을 통해 사물의 기본적인 단일성을 모나드monad로 표시했다. 사물의 단일성을 뜻하는 기본 모나드들은 우주를 기하학적으로 작도하는 기초가 되었다. 점을 1로 놓고, 이에 기초해 모든 도형을 수로 표시할 수 있고, 또 작도할 수 있다는 생각이 피타고라스로부터 시작된 것이다. 이후 서양의 많은 수학자들은 삼각형을 기본단위로 하여 원의 면적과 원둘레 길이를 구했으며, 지름과 원둘레 간의 비례관계인 파이π 값에 관심을 가졌다.

  피타고라스에 따르면 숫자 1(모나드)에서 모든 것이 만들어진다. 숫자 2(디아드dyad)는 독특한 성질을 가지고 있는데, 2는 자신과 같은 수를 더한 것이 자신과 같은 수를 곱한 것과 같은 결과가 나오는 유일한 수이다($2+2=2\times2$). 그래서 2는 일자와 다자 사이를 이끄는 통로가 된다. 1과 2는 수의 부모이며, 그 둘이 합쳐지면 정삼각형 형태를 갖게 된다. 부모로부터 태어난 최초의 삼각수인 트리아드triad 3은 자기보다 작은 수(1과 2)를 모두 더한 것과 값이 같은 유일한 수이다. 트리아드는 과거, 현재, 미래를 이끌어내기 때문에 지혜와 예언을 얻기 위한 구체적인 단위를 이룬다. 피타고라스학파 사람들은 이를 중요하게 여겨 델포이 신탁에 항상 세 잔의 술을 바쳤다고 한다. 4를 뜻하는 테트라드tetrad는 완결을 뜻한다. 우주에 있는 자연적인 모든 것은 1에서 4까지 진행되어 완결된다. 예를 들어 봄, 여름, 가을, 겨울이 그렇고 물, 불, 흙, 공기의 4원소도 그렇다. 플라톤은 『국가』에서 산술, 기하, 음악, 천문학을 철학 교육의 4대 기초 학문으로 꼽았고 서양 중세의 대학에서도 이를 기초 교양 과목으로 가르쳤다.

피타고라스학파는 숫자 4를 정의의 원천으로 생각했다. 그 이유는 이 숫자가 모두 똑같은 부분으로 나누어지는 수이기 때문이다. 4는 1로 나누어 네 개로 만들 수도 있고, 2로 나누어 두 개로 만들 수도 있다. 4라는 숫자는 정의와 밀접하게 연관되는데, 플라톤과 아리스토텔레스가 정의에 관심을 둔 것은 이러한 숫자가 가진 의미에 접근하기 위한 방법을 모색하다가 그 개념에 이끌렸다고 할 수 있다. 플라톤에 따르면 정의를 완성하는 가장 좋은 방법은 개인적인 생활을 억제하여 공동생활을 하고, 인간 사이에 다툼의 원인이 되는 재산까지도 공동으로 관리하는 것이다(『국가』). 플라톤이 이런 주장을 하기 전부터 피타고라스 공동체의 사람들은 모두가 재산을 공유하며 살았다.

숫자 5인 펜타드pentad는 2와 3의 합, 짝수(여성)와 홀수(남성)의 조합으로 이루어져 있으며 이것은 결혼, 조화, 그리고 화합을 뜻한다. 오각형은 생명을 나타내는 상징이다. 식물과 동물 등 많은 생명체에 펜타드 기하학이 숨어 있다. 다섯 장의 꽃잎을 가진 식물, 인간의 몸통에서 뻗어 있는 머리와 두 손·두 발의 다섯 갈래 등이 대표적인 예이다. 그리고 그다음에 오는 수 6은 헥사드hexad로서 첫 완전수이다. 이 수는 자신의 인수를 더하거나 곱해도 6이 된다('1+2+3=6'이고, '1×2×3=6'이다). 헥사드는 건강과 균형의 상태를 반영한다. 이것은 동서남북과 위아래 등 여섯 방위와도 통한다. 피타고라스는 6을 찬양했다. 피타고라스 정리를 적용하면, 공교롭게도 밑변의 길이가 3이고 다른 한 변이 4인 직각부등변삼각형의 빗변은 5, 면적은 6이 된다.

숫자 7인 헵타드heptad는 삼각수인 3과 사각수인 4의 합으로 이루어졌으며, 어떤 다른 수에 의해 나누어지지 않는다. 2는 자신보다 큰 수인 4, 6, 8, 10을 나누고 3은 6과 9를, 4는 8을, 5는 10을 나눈다. 6은 자신보다 작은 수인 2와 3을 곱해서, 8은 2와 4를 곱해서, 9는 3을 제곱해서, 10은 2와 5를 곱해서 만들 수 있다. 예외적으로 7은 어떤 작은 수를 곱해서 만들거나 나눌 수 없다(1, 2, 3, 5 역시 같은 소수 집단에 속하지만 이것들은 피타고라스의 수 체계에서 다른 지위를 갖는다). 피타고라스는 어떤 수에 의해서도 손상되지 않는 7을 '처녀 수'라고 불렀다. 8은 옥타드octad인데, 이 수는 최초의 세제곱수(2×2×2)로, 균형과 조화가 이루어진 안정된 우주의 모든 것을 나타낸다. 옥타드는 모든 음악의 원천이다. 음악의 한 옥타브는 여덟 개의 음계(도·레·미·파·솔·라·시·도)로 구성되는데, 이는 피타고라스가 현의 길이에 따라 소리가 달라지는 것에 착안하여 만든 것이다. 피타고라스학파 사람들은 8을 '짝수성 짝수'로 불렀다. 반면에 6은 '홀수성 짝수'이다. 8을 반으로 나누고 또 나누면 2가 되어 짝수가 되지만, 6은 반으로 나누면 3이 되기 때문이다. 마지막으로, 9는 노력해서 얻을 수 있는 최고의 단계를 나타낸다. 그래서 '끝'의 의미가 들어 있는 에네아드ennead라는 이름이 붙었다. 피타고라스학파 사람들은 9를 수평선이라고도 불렀다.

이러한 모든 수 가운데서 가장 큰 수는 10, 곧 데카드decad이다. 피타고라스학파 사람들은 10을 완성과 새로운 시작을 의미하는 '완전한 수'라고 생각했다. 그들은 1과 2를 부모 수, 10을 완전수라고 불렀으며, 이 세 수는 탄생과 완성에 관여하기에 '수'로 간주하지 않았다. 피타고라스는 10이 테트락티스를 상징하며, 테트락티스가 내포한 많은 의미를 풀어내면 자연을 이해할 수 있고, 궁극적으로는 영원한 것을 이해할 수 있게 되리라고 믿었다. 또한 자연이 이처럼 수적인 조화에 따라 이루어져 있기에 인간은 수적인 조화에 맞게 살아야 하며, 병이 들거나 건강하지 못한 것은 이러한 조화가 깨어지고 불균형이 생겼기 때문이라고 보았다.

이렇게 수의 조합으로 세상을 설명하려고 한 피타고라스학파에는 '모든 수는 자연수로 이루어진다'라는 기본 원칙이 있었다. 즉 1과 2 사이, 3과 4 사이에 다른 수가 들어설 수 없었다. 그런데 피타고라스의 지도를 받아 수학 문제를 풀던 히파수스Hippasus라는 사람이 피타고라스 정리 문제에 몰두하다가 두 변의 길이가 1인 직각삼각형 빗변의 길이 때문에 고민에 빠졌다. 빗변의 제곱은 두 변의 제곱을 합한 것과 같으므로 빗변 역시 제곱수로 표시해야 하는데, 1제곱과 1제곱을 합치면 2이기 때문이다. 그래서 그는 $\sqrt{2}$라는 수를 생각해내고 새로운 발견의 기쁨에 차서 이 사실을 알렸지만, 피타고라스학파 사람들에 의해 쫓겨났다(강물에 던져졌다는 이야기도 있다). 왜냐하면 이 학파에서는 무리수가 허용되지 않았기 때문이다. 그들은 모든 것을 자연수로 설명해야 하는데, 무리수가 도입되면 자신들의 근본 토대가 흔들릴 수 있다고 생각했다. 피타고라스의 이러한 수의 세계는 플라톤에게 큰 영향을 주었다.

04

창조주는 기하학자였을까?

플라톤이 구성한 우주의 질서

플라톤Platon(기원전 428?~기원전 348?)의 저작 중에서 유일하게 마르쿠스 툴리우스 키케로Marcus Tullius Cicero(기원전 106~기원전 43)에 의해 소개되어 중세 유럽에 큰 영향을 끼친 책이 바로 『티마이오스Timaios』이다. 이 책은 플라톤의 우주생성론cosmogony에 관한 것인데, 그 내용을 보면 피타고라스의 영향이 강하게 드러나 있다. 플라톤의 이전 작품에는 소크라테스가 많이 등장하는 반면, 여기서는 티마이오스를 대화의 중심인물로 내세운다. 이 책은 현대 수학과 과학적 사유의 초석이 되는 아이디어를 많이 담고 있다. 그것은 한마디로 이 세상이 수적인 비율로 만들어진 조화로운 우주cosmos라는 것이다.

『티마이오스』에 나오는 창조자 데미우르고스demiourgos('제작자'라는 뜻이다)는 마치 목수가 재료hyle를 가지고 자신의 작품을 만들듯이, 기하학적 비례symmetria에 따라 질서 있는 우주를 창조한다. 데미우르고스가 우주를 만들기 전에 모든 것은 무질서한 상태였다. 마치 목수가 어떤 것을 만들기 전에 제멋대로의 나무들로 있듯이 말이다. 여기서 플라톤은 삼각형을 통해 물질의 구조를 분석하고 우주의 구성 원리를 설파한다. 삼각형에는 정삼각형, 직각이등변삼각형, 직각부등변삼각형이 있는데, 이러한 세 종류의 기하학적 도형 형태가 가장 기본적인 물질의 구조이고, 데미우르고스는 이 구조의 변형을 통해 무한한 물질을 만들어냈다는 것이다.

실은 처음에도 언급되었듯이, 이것들은 무질서한 상태에 있었는데, 신이 이것들 각각 안에 자신에 대해서도 그리고 다른 것들에 대해서도 균형symmetria들이 생기도록 했으니, 이는 비율이 맞고 균형이 잡힐 수 있는 모든 것이며 가능한 모든 방식의 것이었습니다.[1]

이처럼 플라톤은 신이 자신의 창작물이 필연적으로 존재하도록 만들었다고 주장했다. 신적인 것의 필연성은 반드시 원인을 신적인 것에서 찾을 수 있고, 이것은 변화하는 것 같지만 변화하지 않는다고 했다. 신은 또한 생성 변화하는 것들도 만들었는데, 이러한 것들 역시 필연적으로 모든 면에서 '훌륭한 상태'로 고안되었다는 것이다. 그러므로 훌륭한 상태 혹은 행복에 이르는 길은 이러한 필연적인 것들을 통해서 신적인 것을 발견하는 데 있다고 보았다. 플라톤이 생각하는 아름다움은 기하학적 조화이고, 인간의 몸 또한 이러한 조화에 따라 만들어졌으므로 자신이 조화로운 상태에 있는 것이 곧 자신의 훌륭한 상태에 있는 것이라고 생각했다. 여기서 훌륭한 상태란 신의 영혼을 소유하여 조화로운 상태이다.

플라톤이 말하는 진정한 사랑도 신적인 영원한 것에 대한 사랑뿐이다. 육체적인 것이 가미되지 않은 관념적이고 순수한 사랑, 우리가 '플라토닉 러브'라고 부르는 것도 영원한 것을 상징하는 플라톤의 수 신비주의 전통과 연결되어 있다. 행복도 마찬가지이다. 그리스어로 '행복'을 뜻하는 단어는 에우다이모니아eudaimonia인데, 좋은eu 수호신daimon을 안에 가지고 있는 상태가 행복한 상태라고 생각한 것이다. 행복에 대한 이러한 견해는 아리스토텔레스Aristoteles(기원전 384~기원전 322)에게도 그대로 수용된다. 그에 따르면 행복은 실천적 지혜(프로네시스phronesis)를 통해 중용의 절제에 이르게 될 때 달성된다.

플라톤과 아리스토텔레스는 기본적으로 몸의 조화 혹은 영혼의 조화에서 도덕적 가치를 보았다. 이는 지나치게 기하학적 비례와 이성에 따른 설명으로, 이성의 지배에 따른 내적인 조화가 곧 도덕적인 것이라고 보기에는 무리가 있을 수 있다. 그런데 플라톤의 이런 생각은 군주의 지배 질서에 복종하는 것이 곧 도덕적인 것이라고 보는 토머스 홉스Thomas Hobbes(1588~1679)의 정치철학 구조와도 닮았다.

생성물들 가운데서도 가장 아름답고 가장 훌륭한 것을 만든 이(데미우르고스)가 '자족하고 가장 완전한 신'을 탄생시켰을 때, 그는 본성상 필연으로 해서 이런 상태에 있게 된 바로 이것들 모두를 받아 가졌습니다. 그는 이것들과 관련된 원인들을 도움이 되는 것들로 이용하는 한편으로, 생성되는 모든 것에 있어서의 '훌륭한 상태to eu(잘된 상태)'를 그스스로 궁리했습니다. 바로 이 때문에 우리는 두 가지 종류의 원인aitia을, 즉 필연적인 것to anankaion과 신적인 것to theion을 구분해야만 합니다. 그리고 우리의 본성이 허용하는 한의 행복한 삶을 얻기 위해서는 모든 것에서 신적인 것을 찾아야 합니다. 반면에 필연적인 것은 신적인 것을 위해서 찾되 필연적인 것들 없이는 우리가 열의를 쏟고 있는 신적인 것들이 단독으로는 이해될 수도 포착될 수도 없으며, 또한 달리 어떻게 그것들에 관여할 수도 없다는 걸 생각하고서 해야 합니다.[2]

플라톤의 이러한 설명은 목수의 비유를 통해서 알 수 있듯이, 어떤 건축가의 시선에서 사물을 바라보고 있다는 인상을 준다. 그는 시인들을 단지 모방하는 사람이라고 비판하고, 정확한 측량에 기초하여 건축물을 지으려는 건축과 조각의 비유를 사용해 자신의 철학적 입장을 설명한다. 플라톤의 이러한 생각은 버트런드 러셀Bertrand Russell(1872~1970)에 따르면 피타고라스의 영향이 크다. 그리고 피타고라스의 수 신비주의 전통은 플라톤을 거쳐, 레오나르도 다 빈치, 갈릴레이, 케플러 등에 지대한 영향을 미쳤으며, 세상을 기하학적 비례에 따라 분석하고 그 비례의 수적인 관계를 보려고 하는 서양의 근대 과학적 세계관에 큰 영향을 주었다. 고대 그리스의 지배적인 전통이나 다 빈치 이후 서양 미술의 전통에서 아름다움은 이러한 기하학적 비례와 밀접한 연관이 있다. 와쓰지 데쓰로和辻哲郎(1889~1960)가 그리스 및 서양 미술을 일본의 미술과 비교·고찰하며 언급했듯이,[3] 그리스와 서양 미술의 전통에서 아름다움은 언제나 기하학적 비례에 따른 조화에 있다고 본다. 예술가뿐만 아니라 과학자 또한 이러한 비례의 구조를 밝혀내는 것이 자신의 사명이라고 생각했다.

필연성에 따라 세상을 바라보는 플라톤의 시각 또한 서양 전통에서 사물을 인과관계에 따라 필연적으로 설명하려는 시도의 원형을 이룬다고 할 수 있다. 세상을 가능성의 여러 형태로 보거나 우연의 산물로 보는 것이 아니라 반드시 어떤 원인을 가져야 하는 것으로 보는 사고방식은 서양 전통에서 일종의 '필연 강박증'으로 귀결되었다. 근대에 와서 데카르트나 스피노자, 그리고 라이프니츠 등은 기본적으로 플라톤의 도식에 따라 세상을 설명하고자 했고, 그러한 사유의 토대는 플라톤이 생각한 기하학적 비례와 그에 따른 수학적 법칙이었다. 특히 지성nous에 의해서 알 수 있는 것과 감각aisthesis에 따라 알 수 있는 것을 나누어 전자를 신적인 것, 후자를 인간적인 것으로 구분한 다음 인간 삶의 가치를 지성을 통해 신적인 것을 아는 것에 두고, 이러한 것들을 알 수 있는 능력은 감각이 아니라 지성에 있다고 보는 사고방식은 데카르트의 사유 패턴에 그대로 드러난다.

데카르트는 감각적인 것을 의심하고 더 이상 의심할 수 없는 것을 추구했으며, 이 과정에서 하나의 원칙에 이르게 된다. 바로 그것이 기하학에서 첫 번째 공리에 해당하는 것이었다. 그는 인간의 사유 과정을 통해서 우연히 만들어진 것을 넘어 필연적인 것을 인식하는 것이 중요하다고 역설했다. 그는 플라톤과 마찬가지로 필연적인 것을 인식할 수 있는 능력이 인간에게 있다고 보았고, 그 이성을 발휘하여 신적인 것에 참여할 수 있다고 생각했다. 신적인 것은 이성적인 것이다. 인간은 이성적인 부분과 감성적인 부분으로 이루어져 있는데 가급적 감성적인 것을 배제하고 그것에서 벗어나 신적인 것에 이를 때 진정한 행복과 자유에 이를 수 있다고 보았다.

이런 점에서 보면 데카르트는 중세적 세계관을 그대로 견지하고 있다. 중세의 신학자들이 증명한 신, 우주 최초의 원인이자 목적으로서 완전한 존재인 신은 다름 아닌 플라톤의 데미우르고스이기 때문이다. 모든 것의 원인이자 완전자인 이 중세적 신은 데카르트에게 그대로 수용된다. 그러므로 서양의 근대는 중세적 세계관의 기반이었던 유대교 전통의 야훼 신앙pistis에서 벗어나 지성의 신 데미우르고스를 숭배하는 과정으로 이행한 것이라 해도 과언이 아니다. 즉 크게 보아 서양의 계몽주의는 그리스 전통의 수학적 이성에 입각하여 필연성을 만들어낸 데미우르고스 신이 유대인들이 만든 야훼 신앙의 전통을 밀어낸 사건이라고 말할 수 있다.

수학적인 것에 대한 이상은 르네상스 시대를 대표하는 레오나르도 다 빈치Leonardo di ser Piero da Vinci(1452~1519)에게도 계승된다. 제이콥 브로노프스키Jacob Bronowski(1908~1974)에 따르면 다 빈치는 고전적 르네상스, 즉 플라톤적 이상주의에 몰두하는 르네상스 시기와 실험을 통해 사실을 연구하는 경험적 르네상스, 곧 과학적인 르네상스 시기를 동시에 대표하는 인물이다.

사생아로 태어난 다 빈치는 자신이 가진 예술적 재능을 발휘한 천재였다. 그는 피렌체의 예술가인 안드레아 델 베로키오Andrea del Verrocchio(1435~1488)의 견습생으로 들어가 예술을 배웠으며, 특히 풀과 바위, 날아가는 새와 뒷발을 들고 일어선 말 등을 사진기로 찍은 것과 같이 정확하게 묘사할 줄 알았다. 자연을 세심하게 관찰하고 해부학을 통해 인간의 뼈와 마디의 구조를 정확히 알고자 했으며, 그렇게 보고 알게 된 것을 정확하게 묘사하려 했다. 다 빈치는 자연을 두 가지의 열정을 가지고 바라보았다. 하나는 정확한 것에 대한 열정으로, 이로 인해 그는 수학에 취미를 갖게 되었다. 다른 하나는 사실에 대한 열정이었고, 이것이 그가 실험을 시도하게 된 이유였다. 다 빈치는 논리적인 것과 실험적인 것을 동시에 추구했으며 새로운 기계 등의 발명에 많은 노력을 기울였다. 다 빈치의 이러한 태도는 이후 근대 과학의 방법론에 큰 영향을 끼쳤으며, 특히 갈릴레이에게 결정적인 영향을 주었다. 우리가 알고 있듯이 갈릴레이는 많은 실험을 했고, 자신이 발견한 자연의 수적인 법칙성에 놀란 나머지 신의 암호가 자연 속에 감추어져 있다고 생각했다.[4]

다 빈치가 인물, 동물, 식물 등을 그릴 때 알아내고자 했던 것은 그 구조였다. 왜냐하면 그 구조 속에서 자연의 목적을 발견할 수 있다고 생각했기 때문이다. 그는 생물을 움직이게 하는 역학 구조에 관심이 많았으며, 이러한 관심을 통해 플라톤의 이상처럼 외형 뒤에 감추어진 형상 혹은 구조를 보고자 했다. 수학적 법칙으로 이루어진 구조야말로 불변하는 사물의 본질이라 여겼던 것이다. 그는 자연의 세세한 구조를 통해서만 자연의 진정한 본질을 알 수 있다고 생각했다. 이를 통해 그는 고대인의 권위보다는 자연 그 자체가 보여주는 질서에 호소하여 새로운 질서와 세계를 보여주고자 노력했다. 다 빈치의 수학적이고 논리적이며 사실적 구조에 대한 관심은 근대 과학의 방법론에 큰 영향을 끼쳤다. 다 빈치는 코페르니쿠스보다 먼저 태양은 움직이지 않는다고 썼다. 그러나 그의 작품 수는 20개 미만이고, 기계나 저서는 현재 전혀 남아 있지 않다. 5,000쪽에 달하는 수기와 스케치는 남았으나 250년 동안 읽히지 않은 채 방치되었다.

마술의 세계에서
벗어나는 인간

자연의 신비를 벗겨내는 수학의 힘

보통 수학의 발전, 곧 자연을 수학적으로 기술하는 과정은 인간이 마술에서 벗어나 이성으로 나아가는 과정으로 이해된다. 하지만 달리 생각하면 자연을 수학화하는 것은 수학으로 자연을 신비화하는 과정이라고 할 수도 있다. 자연은 그 자체로 인간에게 다양한 의미로 다가온다. 고대인들은 자연에 어떤 힘이 있다고 느끼면서 자연을 신앙의 대상으로 여기는가 하면 극복해야 할 재앙으로 인식하기도 했다. 자연을 수로 구획하여 이해하는 것도 엄밀하게 말하면 자연에 대한 마술화에 다름 아니다. 세상을 수로 파악하기 전에는 신화적 언어로 설명되었지만, 수로 파악하기 시작하면서 세상은 법칙을 갖게 되고 예측 가능한 것이 되었다. 자연을 수학화한다는 것 자체가 이미 마술에서 벗어나는 것이지만 자연을 수학화한다고 해서 완전히 마술화의 단계에서 벗어났다고 말할 수는 없다. 자연을 수학적으로 설명하는 과정 안에 이미 자연의 신비에 대한 인간의 경탄이 자리잡고 있기 때문이다. 다 빈치의 예술이나 갈릴레이의 경탄은 이러한 사실을 잘 보여준다.

독일의 철학자이자 수학사가인 오스카 베커Oskar Becker (1889~1964)에 따르면 고대 그리스의 기하학은 이집트와 바빌로니아의 영향을 받아 발전했다. 그런데 고대 이집트와 바빌로니아의 기하학은 평면이나 공간을 측정하거나 무게나 돈다발을 계산하는 방식 이외에 아무것도 아니었다. 이와 달리 고대 그리스의 기하학은 대상에 대한 측정 및 계산과 관계없이 순수하고 자유로운 학문이 되었다. 그러니까 기하학을 처음으로 학문의 대상으로 삼은 사람들은 그리스인이었다.[1] 그들은 현실에서 당면한 문제를 해결하려는 관점에서 기하학을 본 것이 아니라 순수하게 추상적인 공간이나 시간에 대한 기하학적 분석을 시도했다. 이로써 그리스인들은 자연과의 실용적 관계에서 벗어나 자연을 메타적(형이상학적)으로 사유할 수 있는 대상화의 토대를 형성했다. 수와 기하학적 형상으로 세계를 체계적으로 설명하려 하고, 또 설명할 수 있다는 이러한 낙관적인 생각은 이후의 서양 역사에 막대한 영향력을 끼치기에 이른다.

고대 이집트와 바빌로니아 사람들은 사물이나 재산의 규

모를 계산하여 기록해두기 위해 셈하는 기호를 만들었다. 한 개씩 표시하다가 두 개씩 표시하기도 하고, 마침내 기호화하기 시작했다. 이 단계에서는 단순히 더하거나 빼는 산술적 셈법이 지배하고 있었는데, 이 같은 단순한 셈법에서 점차 벗어나 다른 차원의 생각이 가능하도록 만들어준 것이 도형이다. 도형은 시각적으로 수의 관계나 비례를 한눈에 볼 수 있게 해주는 장점이 있다. 선분의 길이나 도형을 통해 기존의 단순한 수학적 기호들을 비례관계로 설명할 수 있는 것이다. 예를 들어 시간을 측정하는 방식 가운데 하나로 초의 심지가 타들어가는 길이를 재는 방식이 있다. 이는 시간을 단지 수적으로 세는 것이 아니라 선분의 길이로 환원하여 시간을 재는 것인데, 이를 이용하면 시간의 간격을 조정하는 것이 가능해진다. 여기에는 자기 삶의 시공간을 균질화하려는 인간의 노력이 담겨 있다.

기하학적 비율의 발견은 덧셈을 넘어선 곱셈과도 밀접하게 연관되어 있다. 예를 들어 교실 안에 학생이 35명 있다고 하자. 이 인원을 일일이 다 세려면 시간이 걸릴 것이다. 하지만 가로 일곱 줄과 세로 다섯 줄을 곱하면 총원이 35명임을 단번에 알 수 있다. 매번 출석 체크를 하면서 일일이 셀 필요가 없어지는 것이다. 이를 좀 더 확대해보자. '7×5=35'인데, 이를 사각형 모양으로 환치하면 그 사각형의 면적을 35로 규정할 수 있을 것이다. 이런 식으로 공간을 구획하는 것은 도움이 된다.

삼각형으로 이야기를 시작해보자. 삼각형은 변의 길이에 따라 정삼각형, 이등변삼각형, 부등변삼각형으로 나눌 수 있다. 이들 삼각형의 꼭짓점에서 밑변으로 수직인 선을 그으면 두 개의 직각삼각형으로 분할된다. 같은 크기의 직각삼각형 두 개를 합치면 직사각형이 만들어지며, 직각삼각형의 특수한 형태인 직각이등변삼각형 두 개를 조합하면 정사각형이 나온다. 따라서 삼각형의 면적을 알면 사각형의 면적도 저절로 구해진다(그 반대도 마찬가지이다). 오각형, 육각형, 칠각형으로 넘어가면 문제가 더 복잡해지지만 기본적으로 모든 도형은 정삼각형과 직각삼각형의 조합으로 분해될 수 있으므로 해결이 가능하다. 고도의 수학적 도형을 고려하지 않는다면, 우리 주위에 존재하는 모든 도형은 삼각형과 사각형, 그리고 최종적으로는 선분과 점으로 구성된다.

결국 수학적으로 공간을 구획하고 설명하는 과정의 가장 밑바닥에는 세상을 어떤 점點적인 요소로 환원하고 그것의 변형으로 보는 세계관이 자리잡고 있다. 따라서 플라톤이 『티마이오스』에서 삼각형을 물질의 가장 기본적인 단위로 설정하고, 피타고라스 등 고대 그리스인들이 10을 가장 기본적인 완전수로 생각한 것은 무리가 아니다. 도형의 면적을 계산한다는 것은 더하기를 곱하기로 전환하는 것과 다를 바 없다. 그러니까 가장 기본적인 단위인 삼각형에서 출발하여 이를 확장하는 곱하기 과정이 새로운 도형의 면적을 산출하는 방법인 것이다. 역으로 말하면, 각각의 도형을 해체하여 삼각형으로 환원시킬 수 있고, 삼각형은 다시 점의 총합으로, 점의 총합은 다시 면으로, 면은 다시 면을 가능하게 하는 두 개의 점으로 환원시킬 수 있게 된다. 여기서 더하기와 곱하기가 면적이 더 넓은 도형을 만들어가는 과정에 도입된다면, 나누기와 빼기는 넓은 도형에서 작은 도형으로 환원시키는 과정으로 이해하면 된다.

그런데 이 곱하기 과정에서 문제가 되는 것은 각을 가지지 않는 원의 면적이다. 하지만 고대 그리스인들은 이미 이 문제를 해결하여 원의 면적과 둘레를 구할 수 있었다. 그들은 원의 넓이를 구하기 위해 원 안에 다각형을 그려 넣고 원 밖에도 다각형을 그린 다음, 이 도형을 삼각형 형태로 나누어서 계산했다. 이 과정을 무수히 반복한 결과, 원의 넓이가 반지름의 제곱에 원주율을 곱한 값과 일치한다는 사실을 알아냈다. 앞에서도 언급했듯이, 피타고라스학파의 일원이었던 히파수스는 수의 체계가 자연수만으로 설명될 수 없는 무한한 영역이라면서 무리수의 도입을 주장하고 자연수 위에 세워진 논리는 허구일 뿐이라고 말했다. 그리고 그 때문에 그는 피타고라스학파에서 쫓겨났다. 피타고라스학파와 이를 계승한 플라톤은 자연수의 정교한 법칙에 의해 우주가 구성되어 있다고 생각했고, 이와 다른 견해는 결코 받아들이지 않았다.

이렇게 해서 도형으로 되어 있는 형태는 모두 수적으로 환원하여 면적을 계산할 수 있게 되었다. 이런 식의 약속 체계를 만들어냄으로써 이전에는 해결할 수 없었던 많은 문제가 해결되었다. 원 모양의 물체도 측정할 수 있다는 것은 어떤 물질의 양을 정확히 계산함으로써 공평한 교환이 가능하게 됨을 의미한다. 이와 같이 수에 따른 측정 방식의 저변에는 사물을 점의 총체로 환원해서 이해하는 집합론적 사유가 잠재되어 있다. 이것은 원운동을 하는 물체의 부피와 둘레를 계산할 수 있다는 의미였고, 더 나아가 천문학 연구의 중요한 토대가 마련되었다는 의미이기도 했다. 가령 목성의 공전을 날짜별로 기록해, 처음 본 순간을 기점으로 계산하면 목성의 공전주기를 알아낼 수 있다.

수학과 도형을 이용하여 공간을 측정하고, 이것을 인간의 필요에 맞게 활용하려는 사고방식은 고대 이집트와 바빌로니아, 혹은 그 이전 시대부터 존재했다. 그러나 고대 그리스의 피타고라스와 플라톤, 그리고 유클리드와 아르키메데스를 거쳐 서양의 근대 과학에서 정점에 이르게 된 수학적 사고방식은 실용적 목적보다는 기하학 자체에 대한 형이상학적 접근이었다. 이러한 사고방식은 주변의 사물을 측량하고 숫자로 기록해서 정량화해야 하는 현실적 필요에서 시작되었지만 고대 그리스 사람들은 자신들의 세계관과 접목시켜 순수기하학을 탄생시켰다.

세상은 점으로 표현될 수 있다. 점과 점이 이어져 선분이 되고, 선분이 모여 최초의 삼각형이 되고, 삼각형은 다시 사각형, 오각형, 육각형으로 확대된다. 이 과정의 정점이 원이라고 할 수 있다. 그러니까 기본적으로 세상은 점, 선, 면, 세모, 네모, 동그라미 등의 형태로 나누어 생각해볼 수 있다. 그래서 플라톤은 사물의 구조 혹은 틀을 구성하는 도형 그 자체는 없어지지 않는다고 생각했다. 피타고라스의 정리는 직각삼각형의 비율에 착안하여 빗변의 길이를 알아내는 방식인데, 실제로 수평과 수직의 길이를 알면 빗변의 길이를 계산할 수 있다. 그런데 왜 빗변의 길이가 중요했을까? 수직과 수평의 길로 가기보다는 빗변을 통해서 이동하거나 운반하면 훨씬 효율적이겠다고 생각해서가 아닐까.

빗변을 구하는 문제보다 더 어려운 것은 원의 둘레를 재는 문제였을 것이다. 아르키메데스Archmedes(기원전 287?~기원전 212)가 원 안에 내접하는 사각형과 원 밖에 외접하는 사각형을 그려서 그 중간 지점의 값을 찾아내려고 시도한 이후 사람들은 원의 둘레와 면적을 계산할 수 있는 원주율의 근사치를 발견했다. 20세기에야 원주율은 3.14159……로 끝없이 불규칙하게 계속되는 무리수임이 증명되었다.

점, 선, 면을 기초로 한 도형과 원의 면적을 구하려는 노력은 순수한 기하학적 논의로 진행되었지만, 기본적으로 이러한 논의를 가능하게 하는 사회경제적 문제가 있었을 것이다. 대부분의 인간 행위에는 자신의 관심과 이해관계가 얽혀 있기 때문이다. 가장 기본적으로 경제적 이익과 관련되어 있을 수 있고, 통치를 위한 천문학적 지식과 건축을 위한 준비 등도 밀접하게 연관되어 있을 것이다. 특히 오늘날과 같이 시계가 없던 시절에는 낮과 밤의 변화, 해와 달, 그리고 별들의 운행을 기준 삼아 시간을 측정하기 위해 이러한 수와 기하학에 대한 관심이 높았을 것이다. 이 과정에서 점차 자연은 우리가 감정적 접근으로 대하는 의미 있는 어떤 것에서 벗어나, 수학적으로 설명할 수 있는 수적인 체계로 간주되기에 이른다. 즉 맹목적으로 받아들였던 마술의 세계에서 벗어나 과학적으로 설명할 수 있는 세계로의 변화가 일어난 것이다. 고대 그리스에서 시작된 이러한 비非마술화의 과정은 흔히 말하는 중세의 어둠을 뚫고 개화하게 된다. 17~18세기의 과학혁명과 계몽주의 전통은 바로 이집트와 인도의 실용적 수학 전통과 달리 수 그 자체, 그리고 도형 그 자체를 이론적으로 혹은 형이상학적으로 연구하는 그리스의 수학 전통을 계승하면서 탄생하게 된다.

06

철학은
신학의 시녀가 아니다!

스콜라 철학을 무너뜨린 과학혁명

서양의 근대 과학과 계몽주의를 이
해하기 위해서는 그 이전의 시기를 잠시 살펴볼 필요가 있다.
중세는 토마스 아퀴나스Thomas Aquinas(1225?~1274)로 대표되는
스콜라 철학이 지배한 시기였다. 아퀴나스가 『신학대전Summa
Theologiae』에서 언급한 대로 당시의 철학은 신학이라는 학문을
위한 보조적 위치에 있었다. 그에게 믿음은 지식보다 우위에 있
었다. 아퀴나스 이전의 가장 중요한 스콜라 철학자로 손꼽히
는 안셀무스Anselmus(1033~1109)는 '알기 위해서 믿는다Credo ut
intelligam'라는 유명한 말을 남김으로써 이러한 중세 철학의 기본
입장을 극명하게 보여주었다. 또한 이들에 의한 신의 존재 증명
에서 볼 수 있듯이, 아리스토텔레스를 비롯한 이전의 철학은 계

시에 의해서 경험되는 신의 존재를 증명하기 위한 수단으로 활용되었다. 계몽사상가 혹은 근대 철학의 입장에서 보면 중세 철학은 말 그대로 교회의 권위 아래서 이성이 제 목소리를 낼 수 없었던 '암흑의 시기'였다. 하지만 기독교 입장에서 보면 중세 이전의 고대는 기독교 이전 시대이고, 중세는 기독교의 시대, 그 이후 근대는 비기독교의 시대, 현대는 반기독교의 시대로 구별될 것이다. 아무튼 서양의 중세는 한마디로 '교회 밖에는 구원이 없다Extra ecclesiam nulla salus'고 생각한 시대였다.

중세의 스콜라 철학이 쇠퇴하고 새로운 시대가 열린 것은 여러 가지 입장에서 설명할 수 있다. 종교적으로는 아비뇽 유수로 대표되는 교황권의 몰락과 면죄부를 판매하는 가톨릭교회의 타락이 있었고, 사상적으로는 요한 둔스 스코투스 Johannes Duns Scotus(1266~1308)와 윌리엄 오캄William of Ockham (1285?~1349)이 스콜라 철학과 대립되는 사상을 펼친 사건을 들 수 있다. 중세 철학에서 중요한 쟁점이었던 실재론Realism과 유명론Nominalism 간의 논쟁에서 오캄은 유명론의 편에 서서 인간 경험의 구체성을 강조했다. 유명론은 진실로 존재하는 것은 개개의 사물이며, 계시에 의해 실재한다고 믿는 보편자로서의 신은 단지 이름뿐인 것 혹은 존재하지 않는 것으로 간주하는 철학적 입장이다.

오캄은 중세 신학을 전면적으로 부정하거나 버리지 않았

다. 그는 계시에 근거한 신학의 독자성을 인정했다. 다만 이성과 신앙을 구분하여 신이나 영혼 등은 경험적 확증을 얻을 수 있는 것이 아니기에 지식으로 인정할 수 없지만 신앙의 대상이 될 수는 있다고 보았다. 이러한 오캄의 사상은 마르틴 루터 Martin Luther(1483~1546)의 종교개혁의 사상적 원천이 된다. 루터 이전에도 존 위클리프John Wycliffe(1320~1384)와 얀 후스Jan Huss(1372~1415) 같은 신학자들은 신앙의 기준이나 권위를 교황이나 교회의 전통이 아니라 오로지 성서에서 찾고자 했고, 성서 중에서도 특히 사도 바울이 로마서에서 주장한 '오직 믿음sola fide'으로 구원을 얻는다는 입장에 서 있었다. 후스는 콘스탄츠 공의회에서 이단으로 단죄받아 화형에 처해졌다.

수학과 관련해서 중세의 사상가 중에 특히 눈에 띈 사람은 로저 베이컨Roger Bacon(1214?~1294)이다. 그는 수학이 다른 모든 과학보다 우월하며, 실험과학은 수학보다도 훨씬 중요하다고 생각했다. 그는 다음과 같이 말했다.

우리는 수학에서 오류가 없는 충분한 진리에 도달할 수 있으며, 또한 전혀 의심되지 않는 모든 점에 관한 확실성에 도달할 수 있다. (……) 그러나 수학의 보조가 배제된 다른 과학에는 의심의 여지가 많고, 또한 인간 편에서의 의견이 구구하므로 이들 과학은 발전될 수 없다. (……) 왜냐하면 이들 과학에는 본성상本性上 모든 것을 참답게 증명하지 않으면 안 되는, 형상을 도출해내는 과정 및 계산 과정이 없기 때문이다. 따라서 오직 수학에만 의심의 여지가 없는 확실성certainty이 있다.[1]

로저 베이컨은 이렇게 수학을 강조하면서도 그에 못지않게 실험을 중시했는데, 수학은 진리를 확신시켜줄 뿐 보여주지는 못한다고 생각했기 때문이다. 따라서 수학 또한 실험적 증명의 도움을 얻지 않으면 안 된다고 생각했다. 그러나 로저 베이컨에게 최고의 학문은 여전히 신학이었고, 다만 신의 계시를 설명하는 데에는 철학이나 수학의 도움이 필요하다고 생각했다. 이러한 수학과 실험을 통한 증명의 과정은 근대 과학혁명기에 본격적으로 진행된다.

마르틴 루터는 비록 당시의 지동설을 받아들이지 않았지만, 앞에서 언급한 여러 선구자의 영향을 받아 중세 가톨릭의 교회 중심주의와 교황 중심주의에 반대하고 성서주의를 표방하게 되었다. 신神 중심주의를 견지하되 평신도 각자가 자신의 양심과 믿음에 따라 성서를 해석할 수 있다고 보았다. '오직 믿음으로sola fide' 성서를 직접 자신의 눈으로 읽고 해석하여 신의 말씀을 이해할 수 있다고 생각했던 것이다. 이러한 루터의 성서주의와 평신도(인간) 중심주의는 르네상스 및 과학혁명과 더불어 근대 계몽주의 사상으로 나아가는 데 큰 역할을 했다. 종교개혁이 새로운 신을 발견한 사건이라면, 르네상스는 새로운 인간을 발견한 사건이고, 과학혁명은 새로운 자연을 발견한 사건이었다. 종교개혁이 고전으로서 성서의 재생이라고 한다면, 재생과 부활을 뜻하는 르네상스Renaissance 전통에서 중요한 것은 고대 그리스의 고전을 부활시키는 것이었다. 르네상스는 인간적인 것(혹은 인문주의)을 강조함으로써 인간을 교회의 권위로부터 해방시키는 데 결정적인 역할을 했다.

서양 근대의 과학혁명은 위에서 언급한 사상사적 움직임과 함께 서서히 진행되다가 마침내 1543년에 출판된 코페르니쿠스의 『천체의 회전에 관하여』에서 시작하여 1687년에 출판된 아이작 뉴턴Isaac Newton(1642~1727)의 『자연 철학의 수학적 원리(프린키피아)』에 이르기까지 150년에 걸쳐 이루어진 기나긴 과정의 산물이다. 코페르니쿠스가 지동설을 주장한 것은 새로운 관측 자료에 기초한 것은 아니었다. 그는 다만 아리스토텔레스의 운동역학에 기초하여 당연하게 받아들여졌던 클라우디오스 프톨레마이오스Klaudios Ptolemaeos(2세기 중엽에 활동한 그리스의 천문학자)의 천동설에 반대하여 그야말로 대담한 가설을 세웠던 것이다. 이후 요하네스 케플러Johannes Kepler(1571~1630)가 끈질긴 관찰 끝에 혹성 운동에 관한 유명한 세 가지 법칙을 발견했는데, 이 가운데 첫 번째 법칙이 혹성은 태양을 중심으로 타원운동을 한다는 것이었다. 이것은 아리스토텔레스 이후 확고한 원칙으로 받아들여졌던, 완전성의 상징으로서의 원운동과 정면으로 배치되는 주장이었다. 곧이어 등장한 갈릴레오 갈릴레이Galileo Galilei(1564~1642)는 자신이 발명한 망원경으로 태양의 흑점을 관찰했으며, 달의 표면이 울퉁불퉁하다는 것을 사실적인 그림으로 보여주었다. 이것은 모든 천체가 흠 없이 완전무결한 형태일 것이라고 믿어온 그동안의 '진리'를 뒤집는 새로운 관찰 결과였다.

갈릴레이가 과학 발전에 기여한 공로는 일반 역학을 천문학에 적용하여 설명했다는 것이다. 앞에서 소개한 로저 베이컨은 수학과 실험의 중요성을 강조했는데, 그러한 과학 정신의 계승자는 케플러, 갈릴레이, 데카르트이다. 이들에게 수학은 물체와 그 운동을 양적으로 취급하는 도구였으며, 사실 우리가 아는 근대 과학의 가장 두드러진 특징은 자연현상에 대한 양적 파악에 있다. 만약 수학을 채용하지 않았다면 과학혁명은 불가능했을 것이다. 케플러는 귀가 소리를 듣고, 눈이 색을 식별하기 위해 만들어진 것처럼 인간의 지성은 양量을 고찰할 수 있도록 만들어졌다고 생각했다. 갈릴레이는 우주가 수학의 언어로 쓰여 있다고 생각했으며, 데카르트는 수학이야말로 모든 학문의 뿌리에 해당한다고 생각했다. 뉴턴은 『자연철학의 수학적 원리』에서 이 모든 생각을 통합해 근대 자연과학의 정점에 도달했다.

06

코페르니쿠스의 지동설 이후 해결해야 할 어려운 두 가지의 물음이 있었다. 태양을 중심으로 도는 여러 천체의 운동이 지속되게 만드는 힘은 무엇일까? 지구가 우주의 중심이 아닌데도 왜 지구 위에서는 모든 물체가 지구의 중심을 향하여 떨어지는 것일까? 첫 번째는 천체의 역학에 관한 물음이고 두 번째는 중력과 관련된 물음인데, 뉴턴은 이 둘을 만유인력universal gravitation의 법칙으로 명쾌하게 설명했다. 사과나무에서 사과가 떨어지는 것을 보고 만유인력을 발견했다는 이야기도 있지만, 그것의 진위를 떠나서 정말로 중요한 것은 그가 지구에서의 역학을 설명하는 이론을 우주 보편의 역학법칙으로 확장했다는 점이다(뉴턴의 역학은 20세기의 과학에 의해 무너지지만 일상의 틀에서는 여전히 유효하다).

오랫동안 서양 사회는 아리스토텔레스의 주술에 휘말려 있었다. 아리스토텔레스의 철학을 시녀 삼아 오로지 신의 계시를 이해하기 위한 신학과 신앙의 언어를 정당화해왔다. 이에 근거하여 종교재판을 일삼았던 교회는 르네상스, 종교개혁, 과학혁명이 진행되는 동안 처지가 뒤바뀌어 수학적 이성에 기초한 자연법칙의 심판대 위에 오르게 되었다. 더 이상 철학은 신학의 시녀가 아님이 명백해졌다. 이제 서양의 근대 사회는 신화에서 해방되고, 종교와 권력에서 해방되었다. 그리고 과학적이고 합리적인 새로운 생각들이 만발하는 계몽의 시대가 시작된다.

철학은 신학의 시녀가 아니다!

07

말씀의 종교에서
수학의 종교로

미신과 독단에 맞서 싸우는 계몽주의

18세기 유럽 계몽주의의 특징은 한마디로 미신과 독단에서 탈피하여 모든 것을 이성적이고 합리적으로 설명할 수 있다고 믿는 낙관주의에 있다. 중세의 신정정치, 곧 신에 의해 왕이 위임되고 왕이 명령한 것이 법과 도덕이 되는 시대에서 벗어나 인간의 자율적 이성에 의해 도덕이 형성될 수 있고, 이를 바탕으로 왕도 이성적 인간들에 의해 선택되어야 하며, 그에 기초해서 법이 만들어질 수 있다는 가치 전도의 시대가 바로 계몽의 시대였다. 도덕의 차원에서 보면, 칸트의 정언명령은 이러한 계몽의 시대정신을 함축적으로 보여준다. 어떤 도덕적 행위의 동기는 타율성, 곧 신의 명령이나 성경의 기록에 근거한 것이 아니라 내 안에 있는 이성의 법칙에 의한 것이라고 설명되기에 이른 것이다. '스스로 감히 알려고 하라Sapere aude'는 칸트의 선언은 계몽시대의 정신을 잘 반영한다. 칸트의 묘비명 '하늘에 빛나는 별과 내 안에서 빛나는 도덕법칙'은 그의 철학과 그의 시대를 웅변한다.

칸트는 자연의 법칙에 따라 운행되는 바깥세상의 원리처럼 인간의 도덕도 이성을 통하여 설명할 수 있다고 보았다. 에른스트 카시러Ernst Cassirer(1874~1945)는 이러한 계몽주의 시대의 분위기를 '이제 더 이상 중세 시대처럼 종교가 세상을 판단할 위치에 있는 것이 아니라 과학이 종교를 판단할 위치에 서 있다'라는 말로 표현한다. 이는 서양의 두 종교적 전통 사이의 위치 전환에 비유할 수 있다.

예로부터 서양은 두 종교의 영향 아래에 있었다. 하나는 유대교 전통에서 나온 야훼의 종교로서 그것은 유대교, 기독교, 이슬람 정교로 분화되었다. 다른 하나는 고대 그리스인들 가운데 일부가 신봉했던 오르페우스교이다. 이 두 개의 종교적 전통은 각각 예수와 피타고라스를 중심으로 발전하여 서양 문명 전반에 큰 영향을 끼쳤다. 유대 기독교 전통에서 야훼 신은 세상을 6일 만에 '말'로 창조했는데, 그 이후 세상은 그가 창조한 그대로 지금까지 존속되고 있으며 인간의 목적은 그의 창조 목적에 부합하도록 율법을 지키며 사는 것이다. 반면에 피타고라스학파 교단에서는 신이 '말'로 세상을 창조했다고 믿기보다는 '수'로 창조했다고 본다. 그래서 인간의 목적도 '수'로 이루어진 세상을 신이 준 이성을 통해서 제대로 이해하는 데 있다. 수를 이해하고 마음을 정화하면 신의 세계에 참여할 수 있다는 것이다.

이 두 전통의 강조점은 말(말씀)과 수(수학)이다. 아우구스티누스와 아퀴나스 등으로 이어지는 기독교 신학의 전통과, 피타고라스, 플라톤, 데카르트 등으로 이어지는 인간 이성 중심의 전통은 서양의 근대에 이르러 대립하기 시작한다. 갈릴레이의 종교재판에서 정점에 이른 두 믿음 사이의 싸움은 성경 말씀의 해석학 전통과 자연을 수학적으로 해석하려는 해석학(해석기하학) 전통의 싸움이었다.

서로 양보할 수 없는 두 세계관의 토대는 세상은 신의 말씀을 통해서 창조되었고 신의 말씀을 통해서 진행된다는 믿음과, 그것이 아니라 세상은 수(수학적 질서)로 이루어져 있고 수의 법칙에 따라 진행된다는 확신이었다. 기독교의 제1원칙은 '태초에 하느님이 말씀으로 세상을 창조하셨다'는 것이다. 이와 달리 오르페우스 종교의 제1원칙은 '직선은 크기가 없는 점들로 이루어져 있으며, 그 점들에 유리수를 하나씩 대응시킬 수 있다'는 것이었다. 이 말은 직선으로 만들어진 도형과 원은 수로 환원시켜 계산할 수 있고 측정할 수 있다는 뜻으로 이해되어, 수학과 과학의 발전으로 귀결되었다. 갈릴레이는 다음과 같이 말한다.

철학은 우리 눈앞에 언제나 열려 있는 우주라는 저 위대한 책 속에 적혀 있으나 우리가 그것을 이해하기 위해서는 우선 그것이 쓰여 있는 언어를 배우고 문자를 파악하지 않으면 안 된다. 이 책은 수학이라는 언어로 쓰였고, 그 문자는 삼각형, 원, 기타의 기하학적인 도형인데 그 도움이 없이는 우리는 우주라는 책 속의 단 한마디 말도 이해할 수 없고, 그것 없이는 어두운 미로 속을 헛되이 방황하게 될 것이다.[1]

갈릴레이는 성서의 권위보다는 인간의 감각적 경험과 논증을 통해 자연의 신비를 파악할 수 있다고 주장했다. 이러한 말들이 종교재판의 이유가 되었을 것이다. 그는 다음과 같이 말하고 있다.

자연의 문제를 논함에 있어서 우리는 성서의 권위로서가 아니라 감각의 경험이나 필연적 논증에서 시작하지 않으면 안 된다고 생각합니다. 왜냐하면 성서와 자연은 다 같이 신의 말씀에서 유래했기 때문입니다. (……) 자연은 가차 없고 불변의 것이어서 자기에게 과해진 법칙의 한계를 절대로 넘어서지 않습니다. (……) 감각의 경험이 우리의 눈앞에 내놓는 것 혹은 필연적 논증이 우리에게 증명하는 것 중 어느 것이라 해도 자연적인 결과들은 일견 모순인 것같이 보이는 말들을 내포하고 있는 문구를 증거로 해서 결코 의문시되지 않아야만 하고 더욱이 비난되지 말아야 합니다. (……) 신은 성서 속의 성구에 못지않게 자연 속의 현상에서 놀라우리만큼 스스로를 나타내고 있습니다.[2]

카시러에 따르면 갈릴레이에 대한 종교재판은 지동설이나 천동설과 관계있는 것이 아니라 갈릴레이가 주장한 이중진리설二重眞理說과 깊이 관련되어 있다. 보통 우리는 갈릴레이가 종교재판 후에 '그래도 지구는 도는데……'라고 말한 것으로 알고 있다. 이는 마치 자신의 지동설을 공식적으로는 철회했지만 개인적으로는 입장을 바꾸지 않은 것처럼 들린다. 하지만 당시 가톨릭은 지동설에 대해 그다지 비판적이지 않았다고 한다. 문제는 갈릴레이가 가진 이중진리설이었다.

앞의 인용문에서 볼 수 있듯이, 그는 교황이나 신부가 전문적으로 해석할 수 있는 성서 안에 드러난 특수한 계시의 언어와 함께 수학자나 과학자가 해석할 수 있는 자연 계시의 영역이 따로 있다고 생각했다. 이러한 '이중진리' 주장은 당시 가톨릭 당국의 입장에서 보면 심각한 위협이 될 수 있었다. 신이 말씀으로 창조한 모든 것에 대한 해석의 독점권은 히브리어나 그리스어를 할 줄 아는 자신들에게 있다고 생각했는데, 자연 속에 드러나는 수학적인 법칙은 새로운 수학적 언어의 해독을 통해 가능하다고 주장하여 자신들의 배타적 독점권을 훼손했기 때문이다.

이는 루터가 성서 번역을 통해 교황이나 신부를 통하지 않고도 각자 자신의 믿음으로sola fide 성서를 해석하고, 스스로 신과 마주할 수 있다고 주장한 것만큼이나 위협적인 일이었다. 이처럼 각자 개인의 주관적인 믿음에 따라 신에게 이를 수 있다고 생각한 종교개혁의 전통과 나란히, 인간 각자가 가진 이성의 능력을 통해 자연 속에 계시하는 신의 오묘한 법칙을 이해할 수 있다는 생각은 중세적 세계관에 점차 균열을 내기 시작했고, 이러한 균열은 갈릴레이, 케플러, 뉴턴으로 이어지는 과학혁명과 계몽주의 전통을 경과하면서 더욱더 커졌다.

뉴턴은 갈릴레이의 실험적 수학(과학) 정신과 베이컨의 경험적 사유 방식(철학)을 결합함으로써 고전 물리학을 완성했다. 그 결과물이 운동 법칙을 정립하고 만유인력을 설명한 『자연철학의 수학적 원리』이다. 그의 학문 방법론은 미분과 적분 혹은 분석과 종합을 적절하게 활용함으로써 이룩한 성취였다. 만유인력의 법칙과 미적분의 발견은 뉴턴 이전과 이후의 관점을 완전히 전환시키는 역사적 사건이었다.

갈릴레이는 사변적 논리에 갇히지 않고 관찰과 실험을 통해 증명을 얻으려는 실험과학자였던 만큼 아리스토텔레스주의자들이 주장하는 운동론, 곧 사물에 내재한 고유한 성질nature 혹은 본성에서 운동이 나온다는 설명을 거부하고 '운동은 가속도에 의해서 달라질 수 있다'는 새로운 생각을 내놓았다. 뉴턴은 갈릴레이의 영향을 받아 운동 법칙에 관심을 갖고 인력引力에 대한 여러 가지의 설명을 하기에 이르렀다. 뉴턴 이전에 윌리엄 길버트William Gilbert(1544~1603)의 자기설磁氣說, 곧 지구가 거대한 자석이라는 설이 있었고, 데카르트는 물질로 가득 찬 우주 공간 속 행성들의 자전운동 때문에 입자들이 소용돌이를 만들고 (소용돌이 이론) 그 입자들의 움직임에 의해 지구를 포함한 행성들이 수학적으로 완벽한 '자동 기계'처럼 우주가 운동한다고 설명했지만 뉴턴은 만족할 수 없었다. 마침내 뉴턴은 '힘'이라는 개념을 끌어와 의문을 풀어냈다.

　뉴턴의 만유인력에 대한 설명은 갈릴레이의 실험적 자연과학과 데카르트의 사변적 자연과학을 결합한 결과라고 할 수 있다. 뉴턴은 가설을 사용하지 않는다고 말함으로써 데카르트처럼 '나는 생각한다, 고로 존재한다'와 같은 전제를 설정하는 것에 반대했다. 사변은 실험을 기초로 한 학문과 별개라고 그는 생각했다. 뉴턴은 처음에 데카르트의 소용돌이 이론을 받아들였으나 나중에는 배척했다. 그는 에테르와 같은 매질을 통과하면 모든 운동이 언젠가는 약해지는데, 이를 보충하는 신이 있어 항상 같은 속도로 운동하게 해준다고 말했다. 그래서 우주에서의 운동은 완전한 '자동 기계'일 수 없었다. 그는 다음과 같이 말한다.

신은 영원하며 어디에나 존재한다. 언제나, 그리고 여하한 장소에도 존재함으로써 신은 시간과 공간을 구성하여 (……) 온갖 것을 지배하며, 존재하고 또한 행해질 수 있는 모든 것을 안다. (……) 모든 장소 구석에까지 있으며, 그 한량없는 한결같은 지각知覺 속에서, 사람이 자신의 뜻에 따라 움직이고, 또한 그것에 의하여 우주의 부분을 만들거나 고치는 일을 신 이상으로 잘할 수 있는 존재가 있을 수 있을까?[3]

뉴턴의 말은 네덜란드의 철학자 바뤼흐 스피노자Baruch de Spinoza(1632~1677)의 범신론적 견해에 가깝다. 즉 삼위일체의 원리를 배척하는 유니테리언파에 속한다고 할 수 있다. 뉴턴 자신은 사변적인 자연과학을 수용하지 않는다고 말했지만, 신은 시간과 공간을 구성한다고 주장하고 에테르를 가정했으며, 시간과 공간과 운동을 절대적 양으로 간주하고, 이러한 것들은 우주의 한 고정된 부동의 기준점에서 측정할 수 있다고 주장했다. 시간, 공간, 운동이 절대적인 양이라고 하는 뉴턴의 사고방식은 20세기까지 이어져 내려와 공간 전체에 퍼져 있는 에테르적인 매질을 인정하고, 절대속도 그 자체를 잴 수 있는 관측자와 좌표계가 있다고 생각하기에 이르렀다. 이러한 생각은 데카르트의 사변적 자연과학적 측면과 그가 제안한 좌표계를 수용한 가운데서 운동의 법칙을 절대적으로 잴 수 있다는 사고방식에 의해 완성되었다.

이처럼 뉴턴은 선대의 업적들을 비판적으로 검토함으로써 새로운 물리학의 시대를 열었다. 스티븐 F. 메이슨Stephen F. Mason 은 뉴턴의 역제곱의 법칙은 로버트 훅Robert Hooke(1635~1703)과 의 논란을 낳았고 그의 미적분은 고트프리트 빌헬름 라이프니 츠Gottfried Wilhelm von Leibniz(1646~1716)와 누가 먼저 만들었느냐 하는 논쟁을 일으켰지만, 만유인력의 법칙만큼은 온전한 뉴턴 의 업적으로 돌려야 한다고 평가한다.[4]

감히
알려고 하라

칸트의 계몽주의적 인간 선언

우리는 18세기 서양에서 일어난 사상의 흐름을 계몽주의 혹은 계몽사상으로 파악하는데, 당시는 물론 오늘날까지도 계몽에 대한 이해는 사람마다 조금씩 다르다. 칸트가 '계몽이란 무엇인가?'라는 질문에 대한 답변을 서술한 것도 이러한 상황을 반영한다. 독일어의 경우 계몽이라는 단어는 라틴어의 'serenitas'를 독일어 'Aufklärung'으로 번역한 데서 유래한다. 'serenitas'는 맑은 날씨, 밝게 됨, 명백하게 됨, 밝음, 청명함, 명백함, 분명해짐의 의미가 강하다. 프랑스에서는 'éclairer'로 자주 사용되었는데 이 단어에는 깨끗한 혹은 명료한을 뜻하는 라틴어 'clarus'가 지니고 있는 의미(영어의 'clear')가 포함되어 있다.[1] 이는 데카르트가 『방법서설Discourse on Method』

에서 '명석판명clairement et distinctement한 것 외에는 어떠한 것도 지식으로 받아들이지 말자'고 했을 때의 의미와도 그대로 통한다.

데카르트는 어떤 사물이 그러하다고 명징하게 인식되지 않는다면 결코 그것을 참으로 받아들이지 말아야 한다고 말했다. 다시 말해 다른 사람들의 의견이나 편견을 신중하게 피하고 나 스스로 생각하고 의심해서 의문의 여지 없이 명백하게 드러나는 것을 지식으로 받아들여야 한다는 것이었다. 데카르트가 이러한 지식의 방법론적 절차를 따를 때 기초가 된 학문이 바로 수학이었다. 데카르트는 수학 혹은 기하학적 지식만 참된 지식으로 간주했다. 이러한 그의 관점은 계몽주의 전통의 핵심을 이룬다고 해도 과언이 아니며, 과학혁명을 이끌었던 수학적 이성에 대한 무한 신뢰와도 밀접하게 연관된다.

독일어권에서도 계몽에 대한 이해는 학자마다 조금씩 달랐다. 음악가 펠릭스 멘델스존Jakob Ludwig Felix Mendelssohn-Bartholdy(1809~1847)은 계몽을 '이론적 교양'으로 이해했고, 신학자 안드레아스 림Andreas Riem(1749~1814)은 철학과 학문, 그리고 합리적 삶의 산만한 통일로서 계몽을 이해했다. 이러한 상황에서 칸트는 계몽이란 무엇인가에 대해 스스로 질문을 던졌고 이에 대한 그의 답변은 '미성숙으로부터의 탈출'이었다. 하지만 사람들은 게으름과 두려움 때문에 이러한 미성숙에서 벗어나지 못한다고 그는 생각했다. 이러한 칸트의 정의를 따른다면, 계몽주의는 18세기라는 특정한 시대에만 등장한 것이 아니며, 어떤 시대에든 미성숙으로부터의 탈출이 진행된다. 칸트 자신도 자신이 살던 시대를 '계몽되어가는' 시대라고 말했을 뿐, 계몽된 시대는 아니라고 말했다. 계몽의 시대란 올림픽이 열리고 폐막하는 것처럼 어떤 특정한 시기에 시작되었다가 끝나는 것이 아니다. 그러나 우리는 보통 계몽주의 시대라고 하여 18세기 중·후반에 등장한 서양의 지적 전통을 지칭한다. 이는 17세기 이성의 시대, 과학혁명의 시대를 지나 19세기 자유주의 전통과 연결되는 지적 전통이라 할 수 있다.[2]

칸트가 살던 당시에 미성숙은 자신이 가진 이성을 사용하여 대상을 이해하지 않고 기존의 권위나 관습과 전통, 그리고 미신이나 종교적 신앙을 통해 세상을 바라보는 것을 뜻했다. 따라서 계몽이란 이러한 미성숙의 지표, 곧 신앙, 독단, 계시, 신비, 섭리, 막연한 느낌, 성서에 대한 자의적 해석 등에서 벗어나는 것이었다. 칸트는 스스로 알려고 하고 이해하려고 하라고 말했는데, 그는 이러한 이해 능력이 인간에게 있다고 생각했다. 그리고 인간은 자신이 타고난 이성을 발휘할 의무가 있다고도 말했다. 칸트를 비롯한 당시의 사상가들이 계몽과 관련해서 중요하게 생각했던 가치는 이성, 과학, 인본주의, 그리고 진보에 대한 신뢰 등이었다.

자신의 이성을 사용하라는 계몽주의 정신을 계승한 학자들은 성서를 쓴 저자도 인간이라는 사실에 주목했다. 성서도 인간에 의해 쓰인 역사적인 책이며, 무조건적인 신앙의 원리가 아니라 이성의 원리에 따라 해석되어야 한다는 관점은 스피노자를 중심으로 점차 성서 텍스트 해석의 주도적 원리가 되기 시작했다. 이러한 변화와 더불어 계몽사상가들의 종교관은 유신론theist에서 이신론deist으로 바뀌기도 했다. 유신론은 신의 활동이 여전히 인간 세계에 개입하고 있으며 신앙을 통해서 이를 확인할 수 있다는 입장인 데 반하여, 이신론자들은 신이 세상을 창조한 후 더 이상 이 세상의 일에 관여하지 않으며 이 세상의 일은 신이 세상을 창조할 때 부여한 원리에 따라 움직인다고 생각했다. 한편 범신론자들은 이 세상을 지배하는 법칙이 곧 신의 법칙이라고 주장했다. 하지만 모든 계몽주의자가 이신론자나 범신론자가 된 것은 아니었다. 계몽주의 사상가들 중 일부는 여전히 예수 그리스도를 통한 특수 계시와 자연법칙으로 계시하는 신의 특수 계시를 인정하며 유신론자로 남아 있었다.[3]

칸트는 1784년에 발표한 논문 「계몽이란 무엇인가에 대한 답변」에서 이성의 사적 사용과 공적 사용을 나누어 설명하고, 후견인의 도움 없이 자신의 이성을 사용할 용기를 가지라고 말한다. 그러면서 이성을 사용해서 불합리한 제도나 기타 여러 가지 문제점에 대해서 따지되 복종하라고 말한다. 이성의 사용에 제한(복종)을 가하는 이 말은 이성을 가지고 무제한으로 따져야 한다는 계몽의 태도와 상충되는 것처럼 보인다. 그런데 칸트가 이렇게 복종을 언급한 것은 자신이 살고 있는 시대가 프리드리히 대제Friedrich the Great(재위 1740~1786년)의 시기였기 때문이다. 그는 프리드리히 대제를 계몽 군주로서 신뢰했다. 그래서 따질 만큼 따지되 계몽 군주의 말에 복종하라고 말한 것이다. 칸트는 한 걸음 더 나아가 민중이 자유를 가진 만큼 계몽은 더뎌질 수 있다면서 계몽을 앞당기고 발전시키려면 민중의 자유를 일정 정도 제한해야 한다고도 했다. 이것이 바로 '계몽의 역설'이다. 모든 것을 가지고 있고 자유가 충분하다고 판단하면 사람들은 자유를 요구하지 않는다. 그러나 일정 정도 자신의 자유가 제한되어 있다고 느끼면 자유를 요구한다. 바로 이렇게 스스로 자유의 한계를 느껴서 자유를 요구하고 쟁취할 수 있도록 만드는 것이 계몽 군주의 역할이라고 칸트는 생각한 것 같다.

역사적으로 보면 독재를 경험한 나라에서 사람들이 자유의 필요성을 느끼고 억압에서 벗어나려고 저항했다는 것을 알 수 있다. 물론 이 경우는 칸트가 상정하는 것처럼 계몽 군주 치하에서의 계몽 의식과 자유 의식의 발전은 아니지만, 독재 권력이 역설적으로 민중의 자유 의식, 계몽 의식에 영향을 끼쳐 더 많은 자유와 권리를 요구하게 만든 것이다. 계몽의 역설 속에서 우리가 읽어야 할 중요한 부분은 계몽을 상대적으로 이해하는 것이다. 만약 계몽이라는 가치를 무제한의 자유 획득에 놓고 본다면 계몽이 지니는 진정한 의미, 곧 역사 속에서 등장하는 구체적인 계몽의 가치를 놓치게 될 것이다. 크게 보아 계몽은 역사적이고 시대적인 가치이지 특정한 시기의 가치만은 아닐 것이다. 칸트의 계몽의 역설은 계몽을 변증법적으로 이해할 수 있는 단서를 제공한다. 만약 계몽을 18세기 서유럽에서 일어난 일회적인 사건, 곧 이성의 자율성에만 입각해서 본다면 그 이후에 등장한 '이성의 독단' 시대조차도 계몽으로 이해할 가능성이 높기 때문이다. 칸트가 우리는 계몽된 시대에 살고 있지 않고, 매 순간 역사 속의 계몽의 시대에 살고 있다고 말한 것을 이러한 의미에서 이해할 수 있을 것이다.

칸트는 개별 국가의 횡포에 따른 갈등과 전쟁을 피하기 위해 국제기구의 필요성을 말했으며 영구 평화의 가능성을 내다보기도 했다. 20세기 들어 두 차례의 세계대전을 겪은 후 인류는 유엔UN이라는 국제기구를 만들었다. 그럼에도 불구하고 칸트가 꿈꾸었던 영구 평화는 요원한 것처럼 보인다. 이를 보면 제도가 구성된다고 해도 그 제도 안의 구성원들이 민주적인 대화와 소통을 실천하지 않는다면 제도는 무의미해진다는 사실을 알 수 있다.

그런데 칸트의 계몽 정신은 18세기 유럽의 대도시에 유행처럼 생기기 시작한 살롱과 커피하우스에서 구체적으로 실현되었다. 이곳에서 사람들은 커피를 마시며 여러 가지 문제를 놓고 토론했다. 누구나 참여해서 자유롭게 자신의 의견을 개진하고 다른 사람의 의견을 들을 수 있는 장소의 출현은 교회에서 일방적으로 정보를 전달받아 수용했던 기존 방식과의 결별을 의미한다. 위르겐 하버마스Jürgen Habermas(1929~)는 근대 유럽에서 커피하우스와 살롱의 등장은 민주적 토론을 가능하게 했고, 이를 토대로 프랑스 혁명이 가능했다고 본다. 하버마스에 따르면 근대 민주주의의 시작은 커피하우스와 살롱에서의 토론이었으며, 그 후 구축된 민주주의 시스템은 그 토론 내용을 구체화하는 과정이었기에, 자유로운 토론의 과정이 사라지면 민주주의는 그 근간이 흔들릴 수밖에 없다.[4]

하버마스는 자신의 의사소통 행위 이론의 토대로서 프랑스의 살롱 문화를 거론한다. 그는 공공성의 영역이 기존의 과시적 공공성에서 벗어나 새로운 공공성의 창출, 곧 자유롭게 자신의 의견을 펼칠 수 있는 새로운 공공성으로 이행한 사실에 주목한다. 프랑스 혁명(1789년) 전에 등장한 살롱은 자유로운 공간의 탄생을 의미하는데, 이러한 공론장의 변동이 프랑스 혁명을 가능하게 했다고 본다. 그러나 뒷날 자본주의 시대의 공론장은 '황색 저널'로 변질되어 프랑스 혁명 당시의 합리적 의사소통 공간으로서의 의미가 퇴색되었다고 비판한다. 하버마스는 공론장의 발전만이 미완의 근대를 완성하는 촉매가 될 수 있다고 생각하며, 당대의 이상적인 담화 공동체를 구현하는 것이 근대적 민주주의 이념의 완성이라고 본다. 하버마스의 이런 입장은 여전히 이상적이기는 하지만, 오늘날 절실하게 필요한 민주주의의 가치를 가장 잘 보여준다. 현대 민주주의 국가는 근대 민주주의의 이념과 사회계약 이념에 부합하는 대의정치의 모습을 갖추었지만, 정치가들의 담화가 민주적이지 않고 그들을 견제하고 비판하고 감시할 수 있는 건전한 이성적 시민들도 거의 존재하지 않는다. 이러한 점에서 볼 때 근대가 지닌 한계를 지적하고 그 한계를 넘어서는 일도 중요하지만, 근대 계몽주의 전통이 간직했던 살롱에서의 토론 문화만큼은 여전히 계승되어야 할 중요한 유산이라 할 수 있다. 민주주의 정착에 중요한 하버마스의 의사소통 행위 이론은 한국의 경우 서재필 등에 의해 수립된 만민공동회에서 구체화되기도 했다. 어쩌면 동아시아에서 중국이나 일본과 다른 한국 특유의 광장 민주주의는 이러한 전통과 연결되어 있는지 모른다.

18세기 유럽의 계몽사상가들은 밤낮없이 도시의 커피하우스와 살롱에 모여 여러 가지 문제를 가지고 토론했다. 계몽사상가들은 단체를 조직하거나 학파를 형성하지 않으면서도 공통의 공감대를 형성하여 사회를 비판하고 당시의 잘못된 관행을 고쳐나가고자 했다. 종종 서로 다른 의견을 내고 다투었지만 이들은 대체로 세속주의, 인류애, 개인의 자유 보장이라는 차원에서 공감대를 형성했다. 인간의 자율성, 즉 스스로 자신의 입으로 말하고 자신의 생각을 표현할 수 있는 자유는 계몽사상가들이 주장하는 근본 토대였다.

당시의 계몽사상가들 중에서 독일에서는 칸트, 프랑스에서는 루소·볼테르·몽테스키외, 영국에서는 흄과 애덤 스미스 등이 활발하게 활동했다. 이들은 대체로 영국 혁명에서 프랑스 혁명에 이르는 100년의 기간 동안 활동했던 사람들이다. 피터 게이Peter Gay(1923~2015)는 계몽사상가를 세 개의 세대로 구분했다.[5] 1세대는 1750년 이전에 활동했던 사람들로, 로크와 뉴턴의 글을 바탕으로 논쟁했다. 2세대는 원숙기로 프랭클린, 뷔퐁, 흄, 루소, 디드로, 콩디야크, 엘베시우스, 달랑베르 등이다. 그리고 3세대를 대표하는 인물은 돌바크, 베카리아, 레싱, 제퍼슨, 빌란트, 칸트 등이다. 계몽사상가들은 대체로 기독교와 긴장 관계를 유지했지만, 그렇다고 모두 무신론자가 된 것은 아니었다. 이들 중에는 이신론자도 있었다.

자유와 평등을 추구한 시민혁명

민주주의 이념과 국가의 존재 이유

수학과 인간의 이성적 사유 능력에 대한 신뢰를 바탕으로 근대의 지식 혁명은 자연에 대한 설명뿐 아니라 지금까지 유지되어온 전통 사회 자체를 송두리째 바꿔버렸다. 자연을 합리적으로 설명할 수 있는 인간은 이제 인간의 역사를 비롯해 사회, 정치, 경제 등 모든 분야를 자율적 이성의 능력을 통해 설명할 수 있고, 문제가 생긴다면 얼마든지 해결할 수 있다고 믿었다. 이 가운데 정치 분야에서 나타난 것이 바로 근대 민주주의 이념이다.

우리가 주목할 것은 존 로크John Locke(1632~1704)와 토머스 홉스의 사상이다. 두 사람 모두 왕의 권한은 신이 부여한 것이 아니라 인간의 자율적이고도 합리적인 이성의 결과물이어야 한다고 주장했다. 이들의 사상은 역사적으로 미국 혁명(1776년)과 프랑스 혁명의 사상적 근간이 되었다. 이들이 생각한 근대 민주주의 이념은 실제로는 그 어디에도 존재하지 않는 자연 상태를 가정함으로써 출발한다. 그리고 이들은 그 자연 상태를 지속시키거나 벗어나기 위해서는 사회 안에 사는 개인 구성원들의 합의가 필요하다고 보았다. 이러한 사회계약설은 국가의 존립 근거와 이유를 새롭게 밝히는 혁명적인 사건이라고 할 수 있다.

오래전 국가의 힘은 다수로부터 나온다고 한 페리클레스 Pericles(기원전 495?~기원전 429)의 생각이 서양의 근대에 다시 개화했다. 국가는 더 이상 신에게서 부여받은 한 사람의 권력에 의해 움직이는 것이 아니고, 국가를 구성하는 다수 시민의 동의에 의해서 성립한다는 생각이 싹트기 시작했다. 국가의 주인이 왕이고 왕의 권력은 신으로부터 부여받는 것이라는 생각(왕권신수설)이 사라지고, 국가의 모든 권력은 국민으로부터 나온다는 민주주의 이념이 구체화되었다. 미국 혁명과 프랑스 혁명은 이러한 사고의 전환을 가져오는 상징적인 사건이었다. 근대 민주주의는 17~19세기 유럽과 북아메리카에서 평등과 자유를 향한 투쟁에서 시작되었고, 18세기 후반의 미국 혁명과 프랑스 혁명에서 정점에 이르렀다. 이 당시 민주주의의 특징은 주권은 국민에게 있고, 국가의 권력 집중을 견제하기 위해 삼권분립이 이루어져야 하며, 이 모든 질서가 헌법에 명시되어야 하고, 정교政教분리의 원칙에 따라 인간이 만든 법률이 신성 법률을 대체해야 한다는 세속주의에 있었다.

사회 구성원의 자율적 합의에 의한 국가의 성립은 경제적으로 보면 농경 중심의 봉건 사회에서 점차 상업 중심의 근대 사회로 변화한 것과 무관하지 않다. 봉건 사회는 토지를 소유한 귀족과 그 토지를 일구는 농노로 구성되었고, 그 영지에서 사는 농노는 귀족에게 봉사하고 귀족은 농노의 노동의 결과물로 살아갈 수 있었다. 그런데 근대 사회로 이행하면서 점차 상인, 보석 세공인, 시계 제조자, 공구 제작자, 목수, 재단사 같은 전문 직업인이 생겨나자 새로운 경제체제가 출현하기 시작했다. 이러한 전환기의 프랑스 사회는 세 개의 신분으로 구성되어 있었다. 제1신분은 추기경과 대주교, 교구 사제, 수도사, 수녀들이었고 제2신분은 귀족들이었으며 제3신분은 대다수의 국민, 즉 상인, 은행가, 장인, 노동자, 농노 등이었다. 여기서 제3신분에 해당하는 사람들이 프랑스 혁명의 주체였다.

프랑스 혁명 당시에는 인쇄술과 화약 등 신기술이 발달했고 철학자, 풍자가, 비평가 등이 책을 출판하여 기존 사회 질서에 대한 비판을 쏟아냈다. 앞선 시대에는 과학혁명을 통해 갈릴레이, 코페르니쿠스, 뉴턴 같은 과학자들이 사물의 질서에 대한 생각을 뒤바꾸어놓은 바 있었고, 뒤이어 등장한 계몽사상가들은 왕권신수설을 비판하며 귀족이 평민보다 우월하다는 가정에 반기를 들었다. 당시 대표적인 사상가였던 토머스 홉스와 존 로크는 인간은 모두 평등하다고 주장했다. 이들의 사상은 미국의 독립 혁명에 막대한 영향을 미쳤다.

역사적으로 보면 미국 혁명이 프랑스 혁명보다 앞서 일어났다. 미국은 1776년 7월 4일 영국의 13개 식민지 대표자들이 영국으로부터의 독립을 선언하고 미합중국을 건설하면서 「독립선언문」에 '인간은 모두 평등하게 태어났으며 생존권, 자유권, 행복추구권이 있다'고 명시했다. 이후 영국군과 식민지 민병대가 충돌하여 8년 넘게 전쟁을 했고, 1783년 영국 정부와 식민지 대표자들이 파리 조약을 체결함으로써 마침내 미국은 독립을 쟁취했다.

프랑스 혁명은 1789년 루이 16세가 삼부회三部會를 소집한 것에서 촉발되었다. 루이 16세는 영국을 견제하기 위해 미국 독립 전쟁을 지원했는데, 그로 인해 재정이 파산 지경에 이르자 면세 특권이 있는 특권층(제1·2신분)에서도 세금을 걷기 위해 5월 5일 삼부회를 소집했다. 그러나 그의 생각과 달리 귀족과 성직자들은 과세안에 크게 반발했고, 제3신분 대표자들은 봉건적 특권의 축소와 폐지를 요구했다. 회의가 파행으로 치닫게 되자 제3신분(평민과 부르주아) 대표자들은 자신들이 프랑스 국민의 진정한 대표라고 주장하며 제헌국민의회National Constituent Assembly를 결성했다. 1789년 7월 14일 성난 파리 시민들이 바스티유 감옥을 공

제 1 부 계몽의 빛

격했고, 8월 26일에는 제헌국민의회가 「인간과 시민의 권리 선언」을 채택했다('프랑스 인권 선언'이라고도 불린다). 이 선언의 제1조는 '인간은 태어날 때부터 자유롭고 평등할 권리가 있다. 사회적 차별은 공공의 이익을 위해서만 가능하다'라고 명시하고 있다. 제2조는 '모든 정치적 결사의 목적은 인간의 천부적 불가침의 권리를 보전하는 데 있다. 이러한 권리에는 자유권, 재산권, 압제에 대한 저항권 등이 있다'라고 규정하고 있다.

영국에서는 이른바 유혈 사태 없이 귀족들의 자발적인 양보와 타협으로 혁명을 성취하게 된다. 영국의 혁명은 구체제의 전복 없이 17~19세기에 걸쳐 서서히 진행되었다. 프랑스와 영국의 이러한 차이는 현재도 여러 가지 사회·정치적인 문제가 발생할 때마다 대처하는 방식에서 여실히 드러난다. 사안마다 차이는 있지만, 프랑스는 파업이나 시위를 통해 해결하려는 경향이 강한 반면 영국은 의회에서 토론을 통해 해결하려는 경향이 강하다.

미국 혁명과 프랑스 혁명의 역사적 의미는 기존의 봉건적 질서와 특권을 폐지했다는 점, 모든 인간이 평등한 근대 사회의 토대를 마련했다는 점, 민주주의 원리와 관행, 그리고 인권을 존중하는 전통을 정착시켰다는 점에 있다고 할 수 있다. 이러한 역사적 사실에 비추어볼 때 민주주의는 단순히 인간 삶의 일반적인 경향, 즉 점진적인 개선과 진보의 결과로 자연스럽게 등장한 것이 아니라 사회 속에서 개인이 처한 처우와 권리를 쟁취하려는 과정에서 탄생한 것이다. 인간이 기술적으로 능숙해지고 생활수준이 높아지면 인권과 정치적 권리도 그만큼 높아진다는 어떤 법칙에 의해 이루어진 것이 아니라 특수한 역사적 상황 속에서 투쟁을 거쳐 발전했음을 알 수 있다. 다시 말해 민주주의는 경제 또는 사회체제 안에서 대규모의 권력투쟁이 일어나면서 탄생했다고 말할 수 있다.

로크는 정치사회의 기원에 대해 설명할 때, 먼저 인간이 자유롭고 평등한 상태를 가정한다. 즉 인간은 원래 모두가 자유롭고 평등하고 독립된 존재라는 것이다. 자연 상태에서 인간은 자신이 할 수 있는 것은 모두 다 할 수 있는 자유를 가진다. 그런데 문제는 이러한 자유가 언제까지 지속되느냐에 있다. 다른 인간들과 살다 보면 자연 상태에서 자신에게 주어진 자유를 무한히 누릴 수 없게 마련이다. 또한 자신이 노동해서 얻은 것이나 그밖의 수확물을 외부의 침입자로부터 혼자서는 지키기 어렵다.

로크에 따르면 이때 자연 상태에 있는 개인으로서의 인간은 자신이 획득한 재산을 안전하게 보호하기 위해 다른 사람들과 계약관계에 들어가게 된다. 이렇게 되면 자연 상태에서 무한하게 누리던 자유는 제한을 받겠지만 자신의 재산을 안전하게 보장받을 수 있다. 그 대신에 시민사회의 구속을 어쩔 수 없이 받아들여야 한다. 개인이 이러한 시민사회의 구속을 기꺼이 받아들이는 이유는 자신의 재산을 지키고, 개인의 안전을 확보하여 평화로운 생활을 하기 위함이라고 로크는 말한다. 그리고 이렇게 시민사회가 결성되면 다수파가 그 외의 사람들을 구속할 권리를 가지게 된다는 것이다.[1]

이때 다수파가 결정권을 가지게 되는데 다수의 결의가 곧 전체의 결의로 인정되어야 하고, 언제나 다수가 자연법과 이성의 법의 이름으로 전체의 권력으로서 결정을 내리게 되며, 이렇게 다수가 결정하면 각 개인은 복종해야 할 의무가 있다고 로크는 생각했다. 물론 언제나 다수가 옳은 것은 아니기에 소수의 권리도 존중받아야 한다. 그래서 그는 다수결의 원리를 고수하면서도 시민의 불복종 가능성을 열어두었다. 존 스튜어트 밀도 『자유론On Liberty』에서 로크가 제창한 다수결 원리의 한계를 극복하기 위해서 개인의 표현의 자유에 중점을 두었다. 즉 아무리 다수에 의해 의사가 결정되더라도 그것이 틀릴 수도 있기에 언제나 개인이 자신의 의견을 끝까지 표현할 수 있는 권리를 보장해야 한다는 것이다. 그는 소크라테스 등의 역사적 사례를 들면서 다수가 오류를 범할 가능성을 강조했다.

개인이 정치사회에 들어오는 이유는 앞에서도 언급했듯이 자연 상태에서는 자신의 권리 향유가 불확실하고, 타인에 의해 자신의 권리가 침해될 우려가 있으며, 궁극적으로는 자신의 생명과 자유, 그리고 재산을 안전하게 보존할 수 없기 때문이다.

여기서 당연히 국가의 역할이 등장하게 된다. 즉 국가의 존재 이유는 개인의 생명과 재산을 지키는 데 있다. 오늘날 개인이 다른 나라를 여행하다가 납치되었을 때 국가의 역할에 주목하는 이유가 여기서 나온다. 즉 한 국가의 수장은 개인의 생명과 재산을 지킬 의무가 있으므로 납치된 사람의 안전한 귀가를 위해 최선을 다해야 하는 것이다. 로크는 국가가 개인의 생명과 재산을 보호하기 위해서 합법적인 세 가지의 제도와 절차가 있어야 한다고 강조한다.

1차적으로 나의 재산이 침해당했거나 누군가가 다른 사람의 재산을 부당하게 빼앗았을 경우 그에 합당한 법률이 있어야 한다. 그러한 상황에서 어떻게 처리되어야 하는지를 규정한 법률이 없다면 개인의 재산은 보존되기 어렵다. 즉 개인이 국가와 '계약'을 체결하는 이유는 자연 상태에서는 모든 분쟁을 해결할 공통된 척도로서 공통의 동의를 통해 수용된 법률이 없기 때문이다. 다음으로 각 개인이 정치사회의 법률을 받아들이는 순간부터 이 법률은 자연 상태에서 개인이 누리는 자유를 제한한다. 이때의 자유 제한은 처벌권의 포기를 의미한다. 자연 상태에서는 설사 위와 같은 법률이 있더라도 공정하게 심판(처벌)을 해줄 재판관이 없다. 따라서 정치사회에 들어오면서 개인은 자신의 처벌권을 포기해야 한다. 달리 말하면, 바로 이것이 누구나 재판을 받을 권리가 있다는 것을 의미한다. 그래서 사법부가 필요하고 시비를 가려줄 엄정한 재판관이 필요하다. 그런데 재판관이 있더라도 이 재판권을 집행해줄 권력이 없다면, 재판권 이상의 힘을 가진 사람들이 무력을 사용해서라도 부정을 관철시킬 것이다. 마지막으로, 이런 사태를 막기 위해서 국가는 어지간한 힘으로는 상대할 수 없는 막강한 힘을 가져야 한다. 그래야 힘센 사람이 약한 사람을 괴롭힐 때 그 힘을 통제할 수 있기 때문이다. 로크는 국가의 의무를 다음과 같이 규정한다.

> 그 권력은 자연 상태를 그토록 불안하고 불편하게 만드는 세 가지의 결함을 제거함으로써 모든 사람에게 재산을 보장해줄 의무를 진다. 그러므로 누구든 국가의 입법권이나 최고의 권력을 가진 사람은 즉흥적인 법력이 아니라 국민에게 공포되어 널리 알려진, 확립된 일정한 법률로 다스려야 한다. 그는 또한 공평무사한 재판관을 임명하여 그로 하여금 그러한 법률에 따라 분쟁을 해결하도록 해야 한다. 그리고 공동체의 물리력은 국내에서는 오직 그러한 법의 집행을 위해서, 그리고 대외적으로는 외국의 침해를 방지하거나 시정하고 공동체의 안보를 침입이나 침략으로부터 보장하기 위해서 사용해야 한다. 이 모든 것은 인민의 평화, 안전 및 공공선이 아닌 다른 목적을 위해서 행사되어서는 안 된다.[2]

존 로크의 이러한 정치철학이 미국의 독립 혁명과 프랑스 혁명의 토대가 되었다는 것은 그다지 새롭지 않다. 그 이유는 로크가 재산의 보존에 방점을 두었기 때문이다. 만일 어떤 군주가 많은 재산을 가지게 된 신흥 상공인 계층(부르주아)의 재산권을 보호하지 못하면 그 군주는 그 자리에 있을 이유가 없다. 로크의 정치철학은 새롭게 등장한 부르주아 계층을 위한 이데올로기 역할을 했다고 할 수 있다. 미국의 독립 혁명은 과도한 세금에 대한 반발, 외국 군대가 식민지에 상주하는 것에 대한 반발에서 촉발되었는데, 이러한 생각을 하도록 만든 것이 로크의 사상이 었다. 재산권 보호라는 그의 국가 개념은 새로운 시대의 '복음' 과도 같은 역할을 했을 것이다. 프랑스 혁명도 기득권을 지키려는 특권층과 당시 급격히 떠오르던 부르주아 계층의 이익, 그리고 노동자와 농민의 권리 요구가 한데 얽혀 폭발한 역사적 사건으로 볼 수 있다(「프랑스 인권 선언」 제2조는 개인의 자유권, 재산권, 저항권을 명시하고 있다). 아울러 개인의 생명의 안전을 강조한 홉스의 정치철학은 오랜 전쟁과 갈등에 지친 미국 시민과 프랑스 시민의 새로운 철학이 될 만한 것이라 할 수 있다. 그러나 그 철학이 모든 인간의 권리를 포함하는 것은 아니었다.

10

인권 선언이 외면한
여성의 인권

자유와 평등은 백인 남성의 전유물?

플라톤이 『국가』에서 시인 추방론을
펼친 이래로 그의 피타고라스주의 전통은 서양 학문의 중심축
을 형성했고, 계몽사상가는 대부분 당시의 수학이나 과학에 정
통한 사람들이었다. 이들에 의하면 물리적인 세계뿐만 아니라
사회나 제도 모두가 '수학적 이성', 곧 합리적 정신에 의한 설명
이 가능해야 했다. 인간에 대한 이해도 마찬가지였다. 그런데 인
간을 '이성적 동물'로 이해하는 관점에는 이성적이지 않는 것들
을 지배하고 명령하고 함부로 해도 된다는 관점이 내포되어 있
었다. 잘 알려져 있듯이 '인간은 모두 평등하게 태어났으며 생
존권, 자유권, 행복추구권이 있다'고 명시한 미국 「독립선언문」
의 입안자 토머스 제퍼슨Thomas Jefferson(1743~1826)은 그 자신도

많은 노예를 거느리고 있었다. 이들에게 '인간'은 아직 백인 남성을 가리켰고 그들만이 이성적 동물이라는 생각에 머물러 있었다. 이러한 관점에서는 진정 모두가 평등한 인간의 권리를 가지고 있다는 생각이 나오기 힘들다.

린 헌트Lynn Hunt는 『인권의 발명Inventing Human Rights』이라는 책에서 근대에 모든 인간의 평등이 강조된 데에는 세 편의 소설이 특히 중요한 역할을 했다고 말한다. 그는 장 자크 루소Jean-Jacques Rousseau(1712~1778)의 『신 엘로이즈La Nouvelle Héloïse』(1761년), 새뮤얼 리처드슨Samuel Richardson(1689~1761)의 『파멜라Pamela』(1740년)와 『클라리사 할로Clarissa Harlowe』(1747~1748년)의 여주인공들에 주목했다. 소설에 등장하는 여주인공의 독립적인 삶에 대한 묘사를 당시의 독자들이 읽으면서 상상을 통해 주인공과 자신을 동일시함으로써 모든 인간이 감정을 가진 평등한 존재임을 배우기 시작했다는 것이다. 이는 플라톤 이후 계몽주의자들에 이르기까지 강조되었던 이성 중심주의와 대조를 이룬다. 하지만 이러한 소설이 당시에 영향력을 발휘한 것을 보면 소설은 단지 허구의 읽을거리가 아니라 인간 삶의 진보를 이끌어낼 수 있는 원천이 되기도 한다는 사실을 알 수 있다.[1]

근대 민주주의의 발전 과정을 보면, 먼저 미국에서 시작되어 프랑스로 퍼져나갔고 국가 단위보다는 개인의 권리를 쟁취하는 과정과 맞물려 있음을 알 수 있다. 미국에서 최초로 근대적 의미의 권리 선언이 나왔는데, 그 문서들에 명시된 권리는 두 가지 형태였다. 하나는 특수론적 형태의 권리로서 특정한 인민이나 민족적 전통에 근거한 권리이다. 예를 들면 영국 남성의 권리, 1760년 대영제국 식민주의자로서의 권리 등이 이에 해당한다. 또 하나는 보편론적 형태의 권리로, 예를 들면 1776년 미국의 「독립선언문」에 명시된 권리이다. 이것은 특수한 나라에 속한 특수한 개인의 권리가 아니라 인간이라면 누구나 갖게 되는 보편적 권리이다. 같은 해에 나왔던 「버지니아 권리 선언」에도 이 보편적 권리가 명시되어 있다. '모든 사람은 본래 동등하게, 자유롭고 독립적이며 타고난 권리를 지닌다.' 이러한 보편론적 권리에 대한 논의는 유럽에서 시작되었지만 미국을 거쳐 영국, 네덜란드, 프랑스로 역수입되었다. 프랑스 혁명 과정에서도 모든 사람은 평등하다는 보편적 권리가 선언되었다. 이때 평등의 원리는 자연법과 자연권 사상에 기초해서 설명되기도 했고, 토머스 제퍼슨처럼 모든 사람이 창조주에 의해 동등한 권리를 부여받았다고 생각하는 사람도 있었다. 그러나 이 보편론적인 권리 선언에서 명시된 '모든 사람'은 당시의 백인 남성만 지칭하는 것이었다. 즉 재산이 있고 선거권을 가진 백인 남자를 의미했다. 무산자, 종교적 소수자, 노예, 여성은 포함되지 않았다.

여성의 권리는 미국의 독립 혁명에서 프랑스 혁명에 이르는 수년 동안 지속된 토론의 초점이 아니었다. 프랑스 혁명 기간에 여성의 정치적 권리를 옹호한 남성은 마르퀴스 드 콩도르세Marquis de Condorcet(1743~1794)가 유일했다. 그는 '인간의 권리는 그들이 감정을 가진 존재이고 도덕적 이념을 획득하고 그러한 이념을 논증할 수 있다는 사실에 근거할 뿐이다'라고 말했는데, 그 이유는 혁명을 주도했던 사람들이 오로지 백인 남성의 시각으로 이성적인 측면만 강조하고 여성에 대해서는 그렇지 못한 존재라고 생각했기 때문이다. 콩도르세는 당시 백인 남성들이 강조한 이성보다는 인간 고유의 특성으로서 감정과 도덕성을 중시했다.

콩도르세 이후 올랭프 드 구즈Olympe de Gouges(1748~1793)는 「여성과 여성 시민의 권리 선언」에서 '모든 여성 시민은 그들의 능력에 따라 모든 공공의 고위직, 관청, 그리고 취업에 평등하게 참여할 수 있어야 하며, 덕과 재능 이외에는 여타의 어떠한 차별도 없어야 한다'고 주장했다. 영국의 메리 울스턴크래프트Mary Wollstonecraft(1759~1797)도 여성이 이성적이지 못하다는 비판에 대하여, 그것은 태어날 때부터의 능력의 문제가 아니라 교육의 조건과 혜택이 그렇게 만든 것이라고 반박했다. 즉 교육과 전통이 여성의 이성적 정신을 저해했다는 것이다. 1792년 울스턴크래프트의 『여성의 권리 옹호』가 출간되기 전에는 사실상 여성의 권리라는 개념이 영국이나 미국에서 전혀 거론되지 않았다. 이러한 인권의 발전 과정을 살펴보면 오늘날에도 여전히 많은 인권의 문제가 남아 있음을 알 수 있다. 우리에게는 외국인 노동자, 성소수자, 장애인, 가난한 사람 등의 인권 문제, 더 나아가 동물의 생명권 및 인간의 환경을 둘러싸고 있는 여러 가지 생명의 가치에 대한 존중의 문제가 남아 있다.

인권과 관련하여 우리가 잊지 않아야 할 것은 개인의 권리, 즉 인권에 대한 개념이 서양 근대의 혁명 과정에서 발명된 것이라는 점이다. 한 개인의 소중한 권리가 존중되어야 한다는 이 생각은 오늘날 너무나도 당연하게 받아들여지고 있지만, 그것은 저절로 생겨난 생각도 아니고 누군가가 나를 대신해서 가져다준 선물도 아니다. 인권의 개념이 '선언'의 형태로 발전된 것은 우연이 아니다. 선언을 뜻하는 영어 'declaration'은 프랑스어에서 나온 말로, 원래 봉건 영주에게 충성을 서약하면 그 대가로 주던 토지의 명부를 지칭했다.[2] 이러한 수직적 개념이 귀족이나 왕에게 장전章典이나 헌장 혹은 청원의 형태보다 더 강하고 당당한 '선언'의 형태로 발전했다는 것 자체가 인권 선언이 지니는 또 하나의 커다란 역사적 의미라고 할 수 있다. 중요한 것은, 인권 혁명은 완결된 것이 아니라 현재진행형이라는 점이다. 지금도 다양한 형태로 인권 유린이 자행되고 있으며, 미국과 프랑스의 혁명 당시 보편적 형태의 인권 선언이 있었음에도 불구하고 종교 소수자, 유색인, 여성 등의 인권 문제가 제대로 다루어지지 않았다는 점을 기억해야 한다.

보편적 권리 선언이 일찍 발전된 프랑스에서조차 개신교도의 권리는 존중되지 않았다. 가톨릭 국가인 프랑스에서 종교 소수자였던 개신교도의 권리가 점차 커지자 이번에는 프랑스에 거주하는 유대인의 권리 문제가 부각되었다. 이 과정에서 우리가 주목할 역사적 사실은 바로 볼테르의 변호로 유명한 장 칼라스Jean Calas 사건이다. 가톨릭과 개신교의 갈등이 전형적으로 드러난 이 사건은 종교 간의 관용 문제를 사회 전면에 부각시켰다. 1787년 「관용에 관한 칙령」이 발효되기 전까지 프랑스의 개신교도는 종교, 혼인, 유산 상속에서 법적인 자격을 갖지 못했다.[3]

제 1 부 계몽의 빛

110

11

다수결의 횡포에서
벗어나기

사상과 표현의 자유는 민주주의의 핵심

○ ──────────────

지금 알고 있는 지식이 어떤 과정을 거쳐 형성된 것인지를 사람들에게 물어보면 대체로 누군가에게 들었다거나, 그 분야의 권위 있는 사람이 말했다거나, 책에서 읽었다거나, 학교에서 배웠다고 대답한다. 그리고 자신이 알고 있는 것은 거의 모든 사람이 다 알고 있는 상식이라고 말하기도 한다. 이것은 한마디로 남이 가진 지식을 전적으로 믿고 부모, 스승, 친지, 책, 신문 등을 통해 그 진위 여부를 확인하지 않은 채 받아들인다는 뜻이다. 지도상에 있는 지리적 사실이나 차량 내 비게이션의 안내, 천문학상의 사실, 과거에 나폴레옹이 존재했다는 역사적 사실도 모두 남의 권위를 인정한 상태에서 '진실'이라고 받아들인다. 우리는 이러한 일상의 지식 세계 속에서 살아간다. 만약 이러한 모든 것을 의심하게 되면 단 하루도 제대로 살 수 없을 것이다. 아무것도 믿지 않는 회의주의자가 될 것이다.

하지만 이러한 지식이 정말 안심하고 받아들일 수 있는 것이 되려면 입증 혹은 증명의 과정이 필요하다. 만약 사람들이 다수의 의견만 무비판적으로 받아들이고 산다면, 평생 자유로운 삶을 살 수는 없을 것이다. 게오르크 빌헬름 프리드리히 헤겔 Georg Wilhelm Friedrich Hegel(1770~1831)이 『역사철학』에서 말했듯이, 과거에는 한 사람만 자유로웠다. 전제군주 한 사람만 자유롭게 자신의 의견을 말할 수 있고 자신의 생각대로 행동할 수 있었다. 그러나 역사는 점점 더 많은 사람이 자유를 누릴 수 있는 방향으로 발전해왔다.

오늘날 우리가 누리는 자유가 있기까지는 많은 사람이 생명의 위험을 무릅쓰고 자신의 생각을 자유롭게 외쳤다. 고대 그리스에서는 소크라테스가 그런 사람이었고, 근대에 이르러서는 조르다노 브루노Giordano Bruno(1548~1600)와 스피노자가 그러했다. 예수도 이러한 사람이라고 할 수 있다.

그런데 그 사람들은 하나같이 공동체의 지배자에 의해 희생되었다. 권력을 가진 자들이 자유로운 사상가들을 탄압하거나 희생시키는 근거는 언제나 공리주의였다. 공동체 다수의 이익을 위해 개인을 희생시켜야 한다는 논리이다.

이에 맞서 사상의 자유의 정당성을 옹호하려면, 그들과 마찬가지로 공리주의 논리로 대항해야 할 것이다. 비록 어떤 개인의 자유로운 생각이 일시적으로는 공동체 전체에 불이익을 주는 것처럼 보일지라도 역사의 긴 안목으로 보면 그 한 사람의 의견이 인류 사회 전체에 기여할 수도 있다. 여기서 우리는 두 가지를 생각해볼 수 있는데, 다수가 옳고 소수가 틀린 경우와 소수 혹은 개인이 옳고 다수가 틀린 경우이다. 물론 전자의 경우도 있지만 후자의 경우도 있기 때문에 진정한 공리주의자라면 역사와 먼 미래를 내다보는 안목으로 소수의 의견을 끝까지 들어보고 그가 옳다고 생각되면 기꺼이 수용할 수 있어야 한다. 존 스튜어트 밀은 『자유론』에서 이러한 관점으로 사상의 자유를 옹호한다.

밀의 자유에 대한 옹호는 역설적이게도 자유를 얻음으로써 민주주의의 실천이 가능하다고 생각하는 기존 사유 방식의 허점을 지적한다. 왕정 독재를 몰아내고 시민혁명을 통해 민주주의가 실현되었기에 이전보다 자유가 확대되었다고 여기는 시대에 밀은 오히려 자유가 억압되고 있는 상황을 목격한다. 헤겔의 지적처럼 역사는 자유 확대의 역사이고, 민주주의의 성취는 곧 자유의 완성처럼 보였다. 그런데 밀에 따르면 다수결의 원리에 입각한 민주주의는 바로 그 다수결의 횡포에 의해 자유를 억압하는 구조를 가지고 있다. 따라서 민주주의라는 이름으로 소수의 의견이 억압받는다면 이것이야말로 민주주의의 위기라고 본 것이다.

밀은 자유가 억압될 수 있는 구조를 세 가지로 나누어 고찰한다. 첫 번째는 국가권력이 틀렸고 개인이 진리인 경우이다. 국가권력이 틀렸음에도 스스로 잘못을 인정하지 않고 개인을 탄압하는 사례는 아주 많다. 양심적인 인사들을 비롯해 진리를 주장한 소수의 개인이 많았음은 역사적으로 입증되는 사실이다. 밀은 이러한 사례를 예수와 소크라테스에서 찾는다. 이 두 사례는 국가권력이 틀렸고 개인이 옳았음에도 불구하고 국가권력이 개인의 자유를 인정하지 않은 대표적인 경우이다. 이는 지배권력이 자신은 결코 오류를 범할 수 없다는 독단에서 비롯되는 잘못이다. 이러한 오류에 빠지지 않으려면 개인의 자유를 인정해야 한다.

밀이 지적하는 두 번째 경우는 국가권력이 옳고 새로운 사실을 주장하는 개인이 틀렸을 때이다. 물론 이러한 사례도 역사적으로 많았다. 그러나 이 경우에도 국가권력은 절대로 개인의 주장을 억압해서는 안 된다고 밀은 말한다. 자신의 올바름은 반대 주장과 더불어 그 타당성이 인정될 수 있기 때문이다. 반대 토론이 없는 진리는 독단이고, 진리에 도달하기 위해서는 반드시 반대되는 입장도 알아야 한다는 것이다. 끝으로, 세 번째는 공인된 의견과 개인의 의견 모두가 옳은 경우이다. 이때에도 양자 간의 활발한 토론의 자유가 보장되지 않으면 편견에 빠지게 된다.

어떠한 경우에도 개인에게 활발한 토론의 자유가 보장되어야 한다는 것이 밀의 주장이다. 토론의 자유가 보장되지 않는 곳에서는 사상 그 자체가 있을 수 없다. 토론의 자유가 없는 곳에서는 현실에 영합하는 기회주의만 존재하고, 보수도 진보도 아닌 노예들만 남게 된다. 어떤 의견이 침묵을 강요당할 때에도 그 의견은 진리일 수 있다. 이를 부정한다는 것은 자신만은 결코 오류를 범하지 않는다는 무오류성의 독단에 빠지는 것이다. 비록 침묵당한 의견이 오류라고 해도 그것은 기존의 진리가 보충될 수 있는 가능성을 열어주기 때문에 침묵이 강요되어서는 안 된다. 그리고 공인된 의견과 개인의 의견 모두가 진리라고 해도 합리적인 비판과 자유로운 토론을 통해 지속적인 검증이 이루어지는 과정이 필요하다. 그것이 아무리 진리라고 해도 합리적인 근거를 제시하여 납득시키지 못하면 편견에 빠질 우려가 있다. 그래서 토론과 표현의 자유가 인정되어야 한다는 것이다.

사상(토론과 표현)의 자유에 대한 밀의 옹호는 기존에 공인된 의견이 가질 수 있는 한계, 곧 인간 지식의 한계를 지적하는 동시에 비판 정신 속에서만 진리는 독단에 빠지지 않고 인류를 성숙한 삶으로 이끌 수 있다는 소크라테스 이래의 변증법적 정신을 담고 있다. 그러나 이 같은 서양 근대 계몽의 가치가 동아시아로 넘어올 때 그 과정은 결코 순탄하지 않았다. 자연스러운 문화의 옮김으로 진행되거나 주체적인 방식으로 수용되기보다는 강압적으로 서양의 군사력과 힘에 눌려 강요되는 방식이었다.

한국, 중국, 일본이 서양 문명을 받아들이는 방식은 각기 달랐다. 그 방식들은 당시 삼국이 처해 있던 현실을 그대로 반영하고 있다. 중국은 실용주의적 관점에서 서양의 문명을 자국의 고유한 전통과 사상에 입각해서 받아들이려는 경향이 강했다. 일본은 지금까지 문명의 종주국이라고 여겼던 중국이 자신들과 비슷한 크기의 섬나라 영국에 패한 것을(아편전쟁) 보고 놀라지 않을 수 없었고, 그리하여 근대 과학과 계몽주의로 대표되는 서양 문물을 거의 모두 받아들이고자 했다. 그리고 한국은 서세동점 西勢東漸의 시기에 쇄국정책으로 일관하다가, 먼저 서양 문물을 받아들여 서양화된 일본에 의해 식민지로 전락하면서 일본을 통해 서양 문명과 계몽이라는 근대화 과정을 경험하게 되었다.

Hegel and Napoleon in Jena

제2부 **계몽의**

그늘

ENLIGHTENMENT

12

동쪽으로 온
서양의 근대

문명이라는 이름의 제국주의

'과학'이라고 하면 흔히 17~18세기에
발전한 서양의 근대 과학을 떠올리게 되는데, 이슬람 세계와 중
국에 과학이 존재하지 않았던 것은 아니다. 우리가 지금 과학의
대명사로 알고 있는 유럽의 과학에 영향을 준 것은 사실상 이슬
람 과학이며, 서양의 과학 발달 이전에 이미 중국은 높은 수준의
과학 문명을 구가하고 있었다. 종이의 제조, 인쇄술, 화약 등의
분야에서는 서양보다 중국이 훨씬 앞서 있었다. 앞에서 우리는
고대 이집트와 바빌로니아, 그리고 인도인들이 나름의 실용적
인 수학을 발전시켰지만 고대 그리스의 피타고라스나 플라톤
과 같은 의미에서의 이론적인 수학을 발전시키지 못했음을 지
적한 바 있다. 과학의 경우도 마찬가지이다. 이슬람과 중국의 과

학은 서양 근대의 과학처럼 메타meta 작업을 통해 이론theoria(그리스어로 '한 발 물러서서 객관적으로 바라본다'는 뜻이다)을 만들고 체계적으로 발전시킨 것이 아니었다. 단지 실용적인 목적에 부합하는 데 그쳤을 뿐, 실험이나 검증을 통해 반복 가능성을 검토하여 보편적이고 필연적인 법칙을 도출하려 하지 않았다.

조지프 니덤Joseph Needham(1900~1995)은『중국의 과학과 문명』이라는 책에서 다음과 같은 질문을 제기한 바 있다. 왜 이슬람의 과학과 중국의 과학은 부각되지 못했을까? 그리고 왜 서양의 과학에 비해 뒤처지게 되었을까? 여기에 대해 여러 가지의 대답이 나올 수 있는데, 이슬람 세계와 중국은 이미 확립된 주장에 대한 이의 제기, 비판과 토론, 민주주의적 절차 등이 결여된 문화였기 때문에 서양 근대의 과학과 같은 것이 발전할 수 없었다는 견해가 그중 하나이다. 그러나 이러한 것들도 분명 중요한 요인으로 작용했겠지만, 수학적 이성에 기초한 메타 작업, 곧 사물을 수학적으로 추상화할 수 있는 능력의 결여가 결정적인 차이라고 할 수 있다. 실용적인 목적을 넘어선 이론화, 추상화의 작업 능력이 서양의 과학과 동양의 과학을 구별해주는 핵심 요소라고 할 수 있다.

『중국의 과학과 문명』에서 니덤이 제기한 물음, 곧 '니덤의 수수께끼'는 나침반, 화약, 종이의 발명으로 이미 앞선 과학기술을 가지고 있던 중국에서 왜 서양과 같은 과학기술의 진보를 이루지 못했을까 하는 물음이다. 이는 서양을 중심에 놓고 그에 맞추어 동양을 비교하는 질문으로, 서양의 기준에 부합하는 수학이나 학문이 왜 중국에서 발생하지 못했는지를 묻는 것이다. 그러나 시선을 조금 달리하여 바라보면, 단지 서로 관심이 달랐을 뿐이다. 만약 동양의 전통에서 중시하는 어느 입장에서 서양을 바라보고, 서양은 왜 동양에 비해 그런 분야에서 발전하지 못했을까 하고 묻는다면 뭔가 적절하지 않은 질문처럼 느낄 것이다. 예컨대 왜 서양은 동양에 비해 인간관계의 철학에 대해서, 그리고 도덕에 대해서 별다른 발전을 이루지 못했을까 하고 묻는다면 이는 지나치게 자신의 관심의 틀에 맞추어서 다른 사람을 평가하는 것이라 할 수 있다. 질문에는 이처럼 자신의 선입관이 투영되어 있다. 니덤의 수수께끼에는 오리엔탈리즘의 시선이 담겨 있다.

고대 그리스의 사상에서는 '절대 진리가 존재하는가'에 대한 질문이 전통으로 자리잡고 있었다. 현실을 떠난 초월적인 진리가 있는가를 묻고, 인간은 그것을 인식할 수 있는가를 물었다. 그것이 수학이라면 그것을 통해 진리에 이르는 길을 모색하고자 했다. 반면 동양의 전통에서는 이 세상을 떠난 어떤 초월적인 진리에 대해서 그다지 관심이 없었다. 이른바 출세간의 철학이라고 해서 노장老莊사상 등이 있기는 했지만, 중국 철학의 주류는 공자와 맹자를 중심으로 하여 실용적인 문제에 관심이 많은 유교 사상이었다. 구체적인 세계를 넘어선 어떤 절대성에 대한 인식의 문제보다는 구체적인 현실에 맞게 살아가는 것이 더 중요했던 것이다. 한 예로 중국이나 한국, 인도에 이미 서양의 피타고라스 정리에 해당하는 구고현법勾股弦法이 있었다. 서양과 차이가 있다면, 그것을 실제적인 문제나 상황을 해결하는 도구로 간주했을 뿐, 그 원리를 증명하여 이론적인 학문으로 정립하려 하지 않았다는 점이다. 왜 그러한 식이 나왔는지는 묻지 않고 식을 대입해서 문제를 해결하면 그만이었다.

『주역』의 이진법이나 수학에 관한 동양의 여러 기록을 보면, 정교한 산술적 계산으로 인간의 삶과 미래를 점치려 한 흔적이 보인다. 이것은 뒷날 새해를 맞을 때 사주팔자나 토정비결을 통해 한 해의 운을 점쳐보는 것으로 변화했다. 그 자체로는 정교한 산수이지만 그것을 단지 점치는 기능으로만 이해했으며, 이를 보다 정교하게 증명하여 체계적인 법칙이나 이론을 만드는데에는 관심이 없었다. 사실 피타고라스학파의 수 신비주의 전통도 미래 예측에 대한 관심에서 발생했다고 할 수 있다. 수적인 비례관계를 이해하고 설명함으로써 앞으로 일어날 일을 예측하려면 반복되는 일정을 정교하게 계산할 필요가 있었다. 잘 알려져 있듯이, 피타고라스의 스승인 탈레스는 일찍이 일식을 예견했고 그에 따라 전쟁이 언제 끝날지를 예측하기도 했다고 한다. 언제 가뭄이 들고 언제 비가 많이 오는지를 예측하여 큰돈을 버는 방법도 알았다고 한다. 다만 그는 돈 버는 일에는 관심이 없고 오로지 하늘을 쳐다보며 우주와 자연의 이치를 탐구하는 데에만 관심이 있었다.

오늘날의 입장에서 보면 탈레스는 세상에 적응하지 못하는 사람이었다. 오로지 철학이나 수학과 과학에 관심을 두고, 이 세상 사람들이 관심을 가진 것에는 그다지 흥미를 느끼지 못했으니 말이다. 하늘만 올려다보고 걷다가 그만 우물에 빠진 탈레스를 비웃은 몸종의 이야기는 잘 알려져 있다. 그 몸종은 탈레스가 자신의 현실 문제도 제대로 해결하지 못하면서 늘 하늘만 보고 다니다가 결국 넘어졌다고 비웃었다. 순수수학자나 철학자 또는 과학자는 오늘날에도 여전히 비웃음의 대상이 된다. 자신이나 가족의 생계도 책임지지 못하면서 헛된 일, 추상적인 일에만 관심을 갖고 있다고 비난받는다. 그런데 서양의 수학과 과학은 하늘만 바라본 탈레스, 세상을 등지고 살았던 피타고라스와 피타고라스학파, 그리고 목욕탕에서 부력의 원리를 발견하고 맨몸으로 뛰쳐나와 '유레카'를 외쳤다고 전해지는 아르키메데스와 같은 '괴짜'들을 통해 발전했다.

고대 이집트와 바빌로니아 사람들은 기하학을 발전시켰지만 그것은 단지 실생활과 관련한 학문으로서의 기하학이었다. 말의 어원geo+metry이 함축하고 있듯이, 기하학은 '땅을 측정' 하는 데에서 출발한다. 이렇게 실생활과 밀접하게 연관된 기하학이 피타고라스 등을 통해 그리스에 진해지면서 순수 이론적이고 학문적인 것으로 발전하기에 이른다. 고대 그리스의 귀족들은 단지 눈금 없는 자와 컴퍼스만 가지고 원에 가까운 도형을 작도하라는 과제를 수행하곤 했다. 미분과 적분의 원리가 되기도 하는 아르키메데스의 작도법은 지금도 잘 알려져 있는데, 원에 내접하는 육각형과 외접하는 육각형을 그린 뒤 내접하는 육각형보다 크고 외접하는 육각형보다 작은 원의 면적을 계산하려 했다는 것에서 우리는 이러한 순수수학 혹은 순수기하학의 면모를 알 수 있다.

이 점에서 보면, 고대 그리스를 기원으로 하는 수학과 기하학의 특징은 형이상학metaphysics과 밀접하게 연관되어 있다. 현실 생활의 이해관계에서 한 발 벗어나 그것을 관조theoria하여 이론화하고 추상화하는 데 관심을 쏟았던 것이다. 수학 문제를 풀었다고 그것으로 끝나는 것이 아니라 어떤 논리의 과정을 거쳐서 풀었는지를 차근차근 이론적으로 설명하는 과정에서 서양의 수학이 발전했다고 할 수 있다. 이 과정에서 논리학이 발전하고, 더 정교하고 엄밀한 이론들이 나오게 되었다. 다시 말해 여타 다른 문화와 달리 고대 그리스 사람에게는 순수학문에 대한 관심이 있었고, 이러한 전통을 이어받아 근대 유럽은 과학혁명이라는 새로운 시대를 열게 된다. 구체적인 실생활에 적용하기 위한 공부와, 실생활과 동떨어진 이론 공부가 조화를 이루어 서양은 보다 정밀한 과학을 발전시킬 수 있었다. 그래서 그들의 산수와 기하학은 단순한 점성술에 머물지 않고, 보다 정교하게 우주를 예측하는 천문학으로 발전할 수 있었다.

수학적 이성으로 무장한 서양의 근대적 과학기술과 그 문화는 식민지 개척의 형태로 전 세계로 퍼져나갔고, 근대화 혹은 문명화라는 명목하에 그들의 식민 지배는 정당화되었다. 비서구권에서의 서양 근대 문명의 경험은 자발적인 교섭의 형태로 이루어졌다기보다는 강요에 의해서 이루어졌다. 중국이 그랬고 일본도 그랬듯이 대부분 서양의 신식 무기에 맞서 싸웠지만 결국은 싸움에서 패하는 형식으로 서양의 근대가 경험되었다. 그러니까 비서구권이 서양의 근대 문명을 경험한 것은 서양의 첨단 무기를 통해서였던 것이다. 물론 일본의 경우 첨단 무기뿐만 아니라 네덜란드의 의사가 외과수술로 환자를 고친 사건이 서양 학문을 수용하는 결정적인 계기로 작용했다.

영국에 의해서 인도가, 프랑스에 의해서 아프리카 등이 식민지가 되고 후발 근대화를 빠르게 이룬 일본에 의해서 한국이 식민지를 경험하게 된다. 서양의 근대화를 강압적으로 수용하는 과정에서 특별히 아시아 국가들이 경험한 것은 놀라운 서양의 과학기술이었다. 다른 것은 몰라도 이러한 과학기술을 발전시킨 능력만큼은 재빨리 배워야 한다고 생각하여 일본이나 중국의 근대화론자들은 서양 문명을 전면적으로 받아들여야 한

다고 주장했다. 반면 서양 문명이 과학기술 분야에서는 진보했
는지 모르지만 정신적 가치에서는 문제가 많다고 지적하면서
동양의 오랜 전통적 가치를 수호하고 서양 문명을 배척해야 한
다고 주장하는 사람도 많았다. 이렇게 서로 배치되는 두 입장과
함께 서양 문명을 비판적으로 수용하자는 관점도 있었다. 전통
적 질서를 지키면서 서양의 과학기술을 이용하자는 중국의 중
체서용中體西用, 일본의 화혼양재和魂洋才, 한국의 동도서기東道西
技 같은 구호가 그러한 입장을 잘 나타낸다.

　한국의 경우 이미 조선 후기 실학자들에 의해서 서양 문물
이 적잖이 소개되고 있었다. 북경에 온 선교사들과의 만남, 그리
고 그들이 중국에 가져온 책과 과학 기기 등을 경험하면서 서양
학문에 대해 관심이 커졌고 박해를 받으면서도 가톨릭을 믿는
사람이 늘어났다. 당시 조선의 지식인들은 중국어로 번역된 서
양 서적을 탐독하고 있었다.

13

문명의
충돌

서양 문명을 수용하는 동양의 풍경

홍대용의 『의산문답醫山問答』(1766년)
은 가상 인물인 실옹實翁과 허자虛子가 대담 형식으로 실학 정신
과 근대 과학 사상을 설명하는 책인데, 여기에는 북경에서 서양
문명을 접하고 돌아온 홍대용의 새로운 우주관이 압축적으로
표현되어 있다. 주목할 내용은 태양계의 별들(七政, 해·달·수성·금
성·화성·목성·토성)에 관한 이야기와 지구가 우주의 중심이 아니라
고 말하는 대목이다. 홍대용 자신을 대변하는 실옹은 합리적인
근거를 들면서 이야기를 진행한다. 우주에 있는 많은 별을 관측
하여 무수히 많은 별 가운데 하나로 지구를 자리매김하고, 개벽
開闢(우주 탄생)에 관해서도 자신의 우주론에 입각해 기존의 논리
를 반박한다. 조선 후기 실학자들의 과학적 태도를 읽을 수 있게

해주는 이 책의 이야기들은 갈릴레이의 대화 또는 코페르니쿠
스를 연상케 한다.[1]

홍대용은 서양의 신부를 직접 만나 서양 학문을 배우고자
중국 북경에 갔다. 여러 차례 접촉을 시도했으나 실패하고 결국
돌아서려는 때에 극적으로 신부를 만나 서양의 과학과 천주교
에 관해 듣고, 망원경을 통해 태양을 볼 수 있는 기회도 얻었다.
책의 내용으로 미루어볼 때 홍대용은 이미 천문학에 대한 폭넓
은 지식을 갖추고 있었으며(세계천문학회는 화성과 목성 사이에 있는 소행
성 94400을 '홍대용 별'이라고 명명했다) 그러한 지적 소양을 바탕으로 더
욱더 서양 학문에 호기심을 갖고 매료되었던 것 같다. 물론 다산
정약용의 글이나 다른 실학사상가들의 글에서도 읽을 수 있듯
이, 일본에 의해서 타율적으로 서양의 근대 문물을 수입하기 이
전에 이미 조선 후기 실학자들 사이에는 서양 학문을 배우려는
분위기가 어느 정도 성숙되어 있었다.[2]

한편 인도의 사상가 마하트마 간디Mahatma Gandhi(1869~1948)
는 처음부터 서양 문명을 비판적으로 바라보았다. 그는 진정한
문명이란 인간에게 의무를 보여주는 행동양식이라고 정의하고
구자라트어로 문명은 '올바른 행동'을 의미한다고 강조하면서
많이 소유하거나 더 많은 욕망과 열정을 충족시킬수록 발전되
고 좋은 문명이 아니라 얼마만큼 자제력을 발휘할 수 있는 훌륭
한 사람이 많이 살고 있느냐가 문명의 중요한 기준점이라고 말

했다. 그에 의하면 진정한 행복은 아무것도 안 하고 편안하게 사는 데 있는 것이 아니라 손과 발을 적절하게 사용하고 자립적으로 살며, 공동체 모두가 가치를 향유할 때 비로소 얻어질 수 있는 것이다. 그래서 그는 대도시보다는 소도시, 기계에 의한 제조업보다는 농업, 왕이나 제도보다는 윤리를 강조하며 진정한 문명의 모습을 인도 문명에서 찾았다.

그럼에도 인도의 가난이나 비위생 등 여러 가지 문제점에 대해서 어떻게 생각하느냐고 묻자 간디는 어느 문명이나 약점과 한계는 있게 마련이며 그 약점들이 인도인이 전통적으로 가져온 문명의 이점들을 포기할 이유는 되지 않는다고 말했다. 간디는 서양 문명과 비교하여 인도 문명의 장점을 윤리적인 차원에서 보았다(대만의 철학자 모종삼도 이러한 관점에서 중국 문명의 장점을 보고 있다). 서양 문명이 부도덕성을 보급시키는 경향이 있는 반면에 인도와 동양의 문명은 인간을 도덕적인 존재로 고양시키는 경향이 있다고 옹호했다. 이러한 간디의 입장은 세계 여러 나라에서 볼 수 있는 서양 문명에 대한 반응 가운데 하나로, 주체적인 거부의 입장이라고 할 수 있다. 인도는 독립 이후 자와할랄 네루 Jawaharlal Nehru(1889~1964)의 입장을 수용하여 서양의 자본주의 문물을 적극적으로 받아들이고 있지만 윤리적 측면에서는 여전히 자신들의 전통을 고수하고 있다.[3]

근대의 일본 지식인들은 영어의 'civilization'을 '문명'이라고 번역하기도 하고 '문명개화' 또는 '개화'라고 번역했다. 원래 한자어 문명文明은 중국 『주역』의 '천하문명天下文明'에서 나온 단어로 '문체가 있어 빛남', '덕이나 교양이 있어 훌륭함'이라는 의미로 쓰였다고 한다. 즉 글자(문장)를 통한 개인의 교양이나 그 성과를 지칭하는 단어였다. 이러한 한자어를 일본의 지식인들이 'civilization'이라는 어휘를 번역할 때 사용함으로써 그 의미가 조금 다르게 전용되기 시작했다. 후쿠자와 유키치福澤諭吉(1835~1901)는 서양인들이 17~18세기에 이룩한 성과를 지칭하는 단어로 쓰기 시작했고, 이러한 문명 개념에 입각해서 일본도 그렇게 바뀌어야 한다고 생각했다.

한편 개화開化라는 단어는 히라케루開ける라는 말과 연관되는데, 이 말은 '열리다, 트이다, 깨이다'라는 뜻으로 서양의 계몽 Aufklärung, enlightenment과 그 의미가 통한다. 서양에서 계몽은 어둠에서 빛으로 나오는 것에 비유된다. 칸트는 계몽의 의미를 타율성에서 벗어나 자율성에 따른 책임의 주체가 되어 스스로 성숙을 꾀하는 것이라고 말한 바 있다(칸트, 「계몽이란 무엇인가에 대한 답변」). 근대 일본의 지식인들은 17~18세기의 계몽주의 사상가들과 마찬가지로 진보에 대한 낙관적 신앙을 가지고 있었다. 이들은 인간은 자신이 가진 지성을 통해 사회의 진보와 발전을 이룩할 수 있다고 믿었다.

후쿠자와는 이러한 '문명개화'를 인류가 마땅히 경과해야 할 한 단계로 설정했다. 야만에서 문명으로 가는 것은 인류 역사의 보편 현상이라는 것이다. 그는 야만을 상징하는 사례로 유목과 농경 생활을 들고 있다. 유목 생활은 일시적인 무리로 모이지만 편리함이 사라지면 흩어지고, 농경 생활은 정주 혁명을 통해 먹고 입는 게 부족하지는 않지만 기계를 만들 줄 모른다고 했다. 문자는 있지만 문학이 없으며, 자연의 힘을 두려워하고 우연한 화복禍福을 기다릴 뿐 자기 스스로 방법을 찾지는 않는 특징이 있다고도 했다. 이에 비해 문명은 옛 관습에 현혹되지 않고 자기 스스로 성취해나가며, 타인의 혜택에 의지하지 않고 미래에 큰 성공을 이루기를 꾀하며, 지속적으로 발명하고자 한다고 말한다. 후쿠자와에게 문명이란 인간의 안락과 품위를 얻게 만드는 지덕知德(지식과 도덕)의 진보였다.

후쿠자와가 문명의 요소에서 하나 더 강조한 것은 자유였다. 그에 따르면 자유는 다양한 요소와 가치들이 각축하는 가운데서 발생하는 가치였다. 권력의 편중에서 벗어나 개인과 사회에서 자유가 확대되는 과정이 바로 문명화라고 보았다. 그러니까 후쿠자와에게 문명이란 야만에서 벗어나 진보하는 과정이고, 지덕의 진보이며, 권력의 집중이 아니라 보다 많은 자유의 확대 과정이었다. 그를 비롯한 메이로쿠샤明六社(일본 최초의 계몽 학술 단체)의 지성들은 서양의 문명은 오랜 세월에 걸쳐 이룩된 것으로, 일본도 서양을 본보기로 자신들의 문명을 바꾸고 개화되어야 한다고 생각했다. 그런데 이러한 근대 일본 지식인들의 문명론(개화론)은 일본인의 입장에서 서양 문명을 바라본 것이 아니라 유럽인의 시선에서 일본을 바라보고 일본을 그에 맞게 바꾸어야 한다고 생각한 것이다. 이들은 이러한 입장에서 일본의 대중을 계몽시키려 했다(후쿠자와 유키치의 영향을 받아 한국을 근대화하고자 노력했던 지식인으로는 유길준이 있고, 갑신정변의 주역인 김옥균과 서재필 등도 직간접적으로 그 영향을 받았다).

이에 반해 요시오카 노리아키吉岡德明는 『개화 본론』에서 후쿠자와의 문명론은 구미 각국의 문명을 따르는 것일 뿐이라고 비판했다. 그는 일본에도 오래전부터 천연의 문명이 있었다고 말하면서 서양 문명은 문명의 말류인 물질의 개화일 따름이며, 그 본원인 마음의 개화에서는 여전히 미개와 야만의 풍속일 뿐이라고 평가했다. 이러한 입장이 지렛대가 되어 일본은 점차 예로부터 자신들에게 있었던 정신문명과 서양의 물질문명을 결합하여 스스로를 동서 문명의 조화를 꾀할 수 있는 주체로 인식하게 되었다(이러한 자신감은 중국, 러시아, 그리고 한국을 야만으로 인식하게 만들었다). 더 나아가 일본의 근대 사상가들은 서양의 문명을 상대화하기에 이르렀고, 서양 문명이 안고 있는 문제들을 비판하기 시작했다.

근대 일본의 사상가인 우에키 에모리植木枝盛(1857~1892)는 미국의 노예제를 소小야만으로, 이른바 문명국이 타민족을 식민지화하는 행위나 전쟁을 대大야만으로 분류했다. 그리고 서양은 물질문명이 강조된 나머지 정신문명이 취약하며, 문명의 진전에 따른 빈부 격차 등의 문제를 안고 있다고 비판했다. 서양문명에 대한 이러한 관점은 서양의 계몽주의 정신이 가지고 있는 한계에 대한 비판이었다고 할 수 있다.

14

'철학'이라는
번역어에 담긴 철학

동아시아 지식인들의 학문하는 태도

동아시아 삼국이 서양의 근대 문명을
받아들이는 과정은 또 다른 한편으로 고대 그리스의 철학적 사
유의 정신인 메타적 사유, 곧 메타피직스metaphysics(형이상학)를 계
승한 서양 근대 철학의 수용 과정과 맞물려 있기도 하다. 고사
카 시로高坂史朗(1949~)는 일본, 중국, 한국의 서양 철학 수용의
특징을 설명하면서 '철학哲學'이라는 번역어를 처음 만든 사람
이 니시 아마네西周(1829~1897)라고 소개한다. 중국 고전에 능통
했던 니시 아마네가 중국 고전에 나오는 '철哲' 자의 의미(지혜)
를 살려 'philosophy'를 철학으로 번역한 것인데, 처음에는 추
구한다[希]는 뜻을 붙여 희철학希哲學이라고 했지만 최종적으로
'철학'이라는 단어로 정착되었다. 예술, 과학, 기술, 주관, 객관,

이성, 귀납, 연역 등 오늘날 우리가 흔히 사용하는 번역어(신조어) 들도 그의 작품이다.

니시가 말하는 철학은 서양 철학, 그중에서도 서양의 근대 철학이었다. 실제로 네덜란드에서 유학하는 동안 그는 일본으로 편지를 보내 데카르트, 로크, 헤겔, 칸트 등의 사상을 소개했다.[1] 이후 일본의 대학에 철학(서양 철학)을 강의하는 학과가 개설되었으며, 이와 구별하여 중국 철학, 인도 철학이라는 말이 생겨나게 되었다. 니시의 철학은 서양 학문의 의미가 강했고, 따라서 동아시아 전통에는 엄밀한 의미에서 철학이 존재하지 않았다. 일본에서 일본 최초의 철학자로 니시다 기타로西田幾多郎 (1870~1945)를 드는 것은 바로 이런 연유에서이다. 니시다 기타로와 그의 후학들, 곧 교토학파는 자신들만의 선불교禪佛敎 철학을 만들어낸다(니시다 기타로의 대표작은 『선의 연구』이다).

니시의 철학 개념 및 서양 학문에 대한 일본 지식인들의 태도는 전통적 학문을 버리는 과정에서 구체화되었다. 후쿠자와 유키치의 '탈아론脫亞論'도 이러한 맥락에서 이해할 수 있다. 서양의 근대 문명을 받아들이기 이전에는 중국의 고전이 자신들의 삶 전체를 규정하고 있었음에도 불구하고 네덜란드 등을 통해 서양의 체계적이고 합리적인 학문을 소개받으면서 일본의 지식인들은 철학과 학문의 모델 자체를 바꾸게 된다. 체계와 논리를 통해서만 비로소 '학문'이 될 수 있다고 생각한 것이다.

중국의 경우 예수회 선교사들이 'philosophia'를 음역하여 비록소비아斐錄所非亞라는 단어를 만들어 사용했지만 일반적으로 통용되지는 않았다. 옌푸嚴復(1854~1921)가 일본의 상황과 도쿄 대학의 철학과를 소개하면서부터 비로소 중국에서도 철학이라는 번역어가 쓰이기 시작했다. 이어서 차이위안페이蔡元培(1868~1940)가 『철학 강요』에서 철학이라는 말을 본격적으로 사용하면서 철학이라는 단어가 중국에 정착되기에 이른다. 중국에서도 당시 철학은 서양 철학을 의미했고, 자국의 사상을 철학이라고 표현하는 것을 기피했다.

중국 전통의 철학을 철학이라고 부른 사람은 후스胡適(1891~1962)였다. 그는 1910년 미국으로 유학을 떠나 존 듀이John Dewey(1859~1952)에게 배웠고, 컬럼비아 대학교에서 박사학위를 받았다. 학위 논문은 「고대 중국에서의 논리학적 방법에 대한 연구」였다. 그는 중국 전통의 철학을 중국 철학이라고 불렀고, 1917년에 귀국해 차이위안페이의 요청으로 북경대학의 철학과 교수가 되었다. 그는 철학사에 관한 책을 쓰면서 처음부터 중국 철학과 서양 철학을 대등하게 놓고 보았다. 후스의 이러한 시도는 다분히 서양 철학에 대항하는 국수주의적 성격이 강한 것이었다. 이후 펑유란馮友蘭(1894~1990)이 『중국 철학사』를 집필하는데, 이 책 또한 서양의 학문에 대항하여 중국 철학의 정신을 일깨우기 위한 성격이 강하다고 할 수 있다.

후스의 학위 논문에서도 알 수 있듯이, 그가 서양 철학의 고유한 특징을 발견한 것은 논리학에서였다. 그는 서양의 논리학적 사유와 유사한 사유들을 중국의 철학 전통에서 발견하고자 했다. 이처럼 중국의 서양 철학 수용 과정은 일본처럼 고유의 전통을 아예 버리고 서양 철학을 수용하는 것이 아니라 처음부터 서양 철학에 대항하여 중국 고유의 전통을 재발견하려는 시도였다고 할 수 있다. 일본과 공통점이 있다면, 체계 혹은 논리학을 매우 중요하게 생각했다는 점이다. 이 과정에서 명가名家(제자백가 중 하나로, 이름과 실재의 관계를 논리적으로 분석하며 '명실합일'의 정치사상을 전개했다)의 논리가 주목받게 된다.

중국 철학의 또 다른 특징은 유물사관을 수용한 점인데, 중국이 마르크스의 유물사관을 전해 받은 것은 일본을 통해서였다. 중국 지식인들은 존 듀이의 영향을 받은 후스 등의 실용주의적 입장과 일본에서 수입한 유물사관으로 유가儒家와 노장사상을 비판하기에 이른다. 유물사관의 입장에서 공자의 사상은 몰락한 사대부의 이데올로기로 폄하되었는데, 그 과정에는 유물사관을 교조주의적으로 받아들임으로써 마르크스의 사상을 오해한 측면도 있다. 하지만 유물사관의 수용은 기존의 정통 유교의 입장에서는 보이지 않고 은폐되어 있던 중국 고유의 사상을 재발견하는 계기가 되기도 했다.

한국에 철학이 소개된 것은 1613년 정두원鄭斗源(1581~?)이 중국에 수행원으로 갔다가 돌아오는 길에 예수회 선교사들이 번역한 책을 가지고 와서 국내에 소개하면서부터였다. 이때 쓰인 단어가 앞에서 말한 '비록소비아'라는 단어였다. 그러나 이 단어는 서학西學에 대한 탄압과 함께 소멸되었다.

조선의 개화파 지식인들은 1876년 일본에 의한 개국(강화도조약)과 함께 두 개의 진영으로 양분되었다. 한 편은 청나라의 양무洋務운동을 모델로 점진적 변화를 꾀해야 한다는 입장이었고, 다른 한 편은 일본의 메이지유신을 모델로 서양의 과학기술뿐만 아니라 사상과 종교까지도 받아들여야 한다는 입장이었다. 후자를 대표한 사람들은 김옥균, 박영효 등이었고 이들이 바로 갑신정변의 주역이다. 조선의 서양 철학 수용은 후자의 입장을 따른 것이었다. 이들은 1881년 일본에서 후쿠자와 유키치가 창설한 게이오기주쿠慶應義塾(현재의 게이오 대학)에서 사회진화론을 배우게 된다.

사회진화론의 모델은 후쿠자와 유키치의 저서 『서양 사정』에 소개된 바 있으며, 일본 유학파였던 유길준俞吉濬(1856~1914)은 이를 적극적으로 수용했다. 유길준은 『서유견문』에서 문명을 미개, 반개화, 개화로 나누고 미개는 수렵채집, 반개화는 농경 생활, 개화는 도시 생활로 구분했으며, 문명을 도시 생활로 나아가는 것이라고 주장했다. 그는 '철학'을 지혜를 사랑하고 이치에 통하기 위한 것으로 보았으며, 그 근본의 깊이와 유용성은 특정한 영역에 제한되지 않고 모든 행동거지를 논증하는 것이라고 정의하고 있다.(『서유견문』)

1890년 이후 조선에서 계몽운동을 주도한 사람은 서재필徐載弼(1864~1951)이었는데, 그는 갑신정변(1884년) 이전에 이미 김옥균의 안내로 게이오기주쿠에서 일본어를 배우고 일본의 군사학교에도 다녔다. 갑신정변이 삼일천하로 끝나자 그는 미국으로 건너가서 의학을 공부해 의사가 되었으며 로크와 루소의 계몽주의, 벤담의 공리주의, 몽테스키외의 자연법사상 등도 배웠다. 서재필은 다시 한국에 돌아와 〈독립신문〉 등을 통해 민법, 법치주의, 천부인권설 등을 소개했다. 신분 질서를 타파하고 기존의 역사적 가치를 붕괴시키려 했던 조선의 지식인들에게 서재필은 매우 큰 영향을 주었다.

조선에서 서양 철학이 수용되는 과정에는 중국의 영향보다 일본의 철학, 특히 후쿠자와 유키치의 사상이 절대적인 영향을 끼쳤다. 조선은 중국과 달리 자신들의 전통을 외면하고 서양의 학문을 전반적으로 받아들이는 방식을 취했다고 할 수 있다. 서재필의 계몽운동은 미국에서 배운 계몽주의자들의 사상을 한글로 번역하여 소개하는 것과 밀접하게 연관되어 있지만, 큰 틀에서 보면 후쿠자와 유키치의 입장을 그대로 받아들이고 있다는 인상을 준다. 서양의 기술과 사상을 전면적으로 수용해야 한다는 태도를 보였기 때문이다. 하지만 1910년의 경술국치 이후

14 한국의 많은 지식인과 철학자들은 국난을 극복하기 위한 '애국'을 자신들의 과제로 설정했다.

고대 그리스인들(탈레스, 피타고라스, 플라톤 등)의 정신에 녹아들어 있는, 다시 말해 세상을 합리적으로 이해하려는 '지혜에 대한 사랑philo+sophia'은 서양의 근대에 이르러 수학적으로 검증가능한 '지식에 대한 사랑'으로 번역되었고, 동아시아에 오면서 그러한 철학은 '논리(논리적 체계)에 대한 사랑'의 학문이 되었다. 언어는 사람의 의식뿐만 아니라 사물을 변화시키는 행위적이고 사건적인 성격을 가진다. 언어의 의미 형성 과정을 단어나 문장의 차원에서 보느냐, 아니면 언어가 발화되는 의미장의 차원에서 폭넓게 이해하느냐 하는 문제도 있기는 하지만, 그 어느쪽이든 어떤 새로운 단어가 특정 문화에 도입되면 그 언어는 그문화에 편입되어 새로운 의미의 변형이 일어난다. 그리고 이러한 변형이 일어나면서 새로운 차원의 '창조'가 일어나고 시간이지속되면서 하나의 문화로 자리잡는다. 한 문화 안에서 어떤 단어의 이해와 해석이 달라지는 과정도 흥미로운 분석의 대상이지만, 이질적인 문화에 어떤 말(개념)이 도입되어 그 문화와 충돌하면서 번역되는 과정에 주목하다 보면 사람들의 생각이나 의식이 모두 이러한 언어적 사건의 언저리에 있음을 알게 된다.

15

손님의 언어와
주인의 언어

근대화 과정에서 드러난 동양의 주체성

서양의 근대 문명은 신화적이고 철학적인 언어를 보다 엄밀한 수학적 언어로 번역하는 과정에서 탄생했다고 말할 수 있다. 그 이유는 특정한 의미의 언어를 또 다른 의미의 언어로 변환시키는 과정에서 생기는 사람들의 의식 변화가 새로운 문화의 공간을 열어주기 때문이다. 토머스 쿤 Thomas Kuhn(1922~1996)이 『과학혁명의 구조』에서 밝혀보려고 한 것도 바로 이러한 패러다임(설명 방식)의 변화 과정과 다르지 않다. 계몽시대 이후 여러 사건과 변화들이 왕의 신민sub-ject이 독자적인 주체subject로 번역되는 과정과 연결되어 근대라는 문화가 생성된 것이 그 좋은 예다. 물론 물적·사회적 토대의 변화도 무시할 수 없지만 아무리 물적 토대가 변한다고 할지라도 그 변화를 의식하는 주체가 없다면 새로움의 사건은 일어나지 않는다. 이는 타자 없이 주체가 형성될 수 없는 이치와도 같다. 사회경제적·물적 토대가 바뀌어도 이 바뀐 현상을 설명해줄 '주체'라는 번역어가 존재하지 않는다면, 그는 여전히 과거의 신민으로 살고 있는 것이다. 다시 말해 노예로 살던 사람이 노예의 언어와 습관을 버리지 못하면 법률적으로는 자유인이 되더라도 아직 자유인일 수 없다. 그러므로 언어를 통한 번역의 사건은 물리적 변화와 혁명을 완성하는 중요한 조건이 된다.

동아시아의 근대 문명으로의 이행 과정을 살펴보면 이러한 언어 번역의 과정, 그리고 그 과정에서 생성된 담론의 과정에서 근대화가 진행되었음을 알 수 있다. 과거에 존재하지 않았던 형이상학과 철학, 그리고 그 밖의 여러 가지 서양의 개념어가 번역됨으로써 새로운 의식이 싹트게 되었고, 이를 수용하고 비판하는 과정에서 이른바 근대화가 이루어진 것이다. 그런데 이런 사정은 유럽도 마찬가지였다. 17세기 근대 철학의 출발을 알린 데카르트는 많은 저서를 그 당시의 '학문 언어'인 라틴어로 썼지만, 『방법서설』은 프랑스어로 썼다. 학문을 하는 전문가들을 향해서가 아니라 라틴어를 모르는 일반 대중을 위해서 그 책을 썼기 때문이다. 이는 라틴어로 사유되던 학문의 언어가 일반 대중의 언어로 번역되는 일종의 사건이라고 할 수 있다. 그리고 학문적 개념어와 추상어가 일반 대중에게 보급되었다는 것을 의미한다.

서양의 근대는 추상적인 개념으로 되어 있는 학문적 언어가 각 민족의 대중적 언어로 번역되는 과정과 연결되어 있다. 중세까지는 영어나 프랑스어, 독일어 등에 그리스어나 라틴어의 학문적 언어에 해당하는 단어가 없었다. 그렇기 때문에 서양의 근대 문명에서 고대 그리스어나 라틴어의 명사 및 추상적 개념어를 번역하는 과정은 그 자체로서 역사적 사건이었다. 루터의 종교개혁 또한 교황과 사제의 언어(그리스어와 라틴어)로 된 성경을 민중의 언어로 번역하는 과정에서 일어난 문화혁명이라 할 것이다. 그러니까 문명의 사건은 번역의 사건과 밀접하게 연관되어 진행됨을 알 수 있다.

동아시아의 근대 문명 수용은 당시 지식인들의 번역 과정과의 연관 속에서 진행되었다. 오늘날 학문 분과에서의 분류 방식이나 개념어 사용을 통한 담론의 과정도 이러한 사정을 그대로 보여주는 사례이다. 크게 보면, 관찰과 실험을 통해 얻어진 보편적이고 추상적인 개념은 모두 근대의 산물이라 할 수 있다. 한국, 중국, 일본 등에서 서양의 언어를 번역하는 과정에서 생긴 여러 가지 문제점을 주목하면 근대화 과정이 번역의 과정이라는 사실을 잘 알 수 있다. 서양적 의미의 사회나 회사, 의회 등이 없는 동아시아 지식인들에게 이러한 단어를 정확하게 번역하는 일은 결코 쉽지 않았을 것이다.

서양 문물을 받아들일 때 일찍이 번역소飜譯所를 설립하여 그 번역에 많은 고민을 했던 일본 학자들은 오늘날 중국과 한국에서 사용되는 추상적 개념어를 많이 만들어냈다. 그들이 서양의 언어를 번역하면서 참고한 언어는 한자였다. 이는 일본이 서양 문명을 받아들이기 전까지 중국 문화권에 속해 있었던 탓이 크지만 후쿠자와 유키치를 비롯해 서양 문물에 대해 긍정적인 태도를 취했던 일본의 지식인들이 한자어를 차용해 서양 언어에 대응하는 일본어를 만들려고 노력한 결과이기도 하다. 그런데 앞에서도 언급했듯이, 일본의 지식인들은 『주역』에 나오는 문명이라는 단어를 차용해서 서양의 'civilization'이라는 단어를 번역했는데, 이 두 단어가 지칭하는 의미와 일본에서 그 단어가 가지는 의미는 전혀 다른 성격을 띤다. '문자+밝음'을 의미하는 문명文明이라는 개념이 'civilization'에 대응하는 단어로 선택되면서 문명은 원래 도시화를 뜻하는 것인 듯 바뀐 것이다('Civitas'는 도시를 뜻하는 라틴어이다). 그래서 일본에서는 서양 문명을 받아들인다는 것이 대체적으로 서양의 대도시를 그대로 모방하는 것을 의미하게 되었다.

이러한 번역의 사건은 우리가 중요한 개념으로 흔히 사용하는 언어에서 조금씩 다른 양상으로 거의 예외 없이 발생했는데, 대표적인 예를 몇 가지 들어보면 다음과 같다.

'자연nature'은 근대 이후 인간의 주관적 의식 밖에 있는 객관적 대상으로 간주되었다. 즉 자연은 길이와 넓이로 측량 가능한 대상으로 이해되는데, 이는 근대에 와서 생겨난 독특한 파악 방식이다. 그 이전에 자연은 인간과 동떨어진 대상 혹은 인간과 동떨어져서 독립적으로 작동하는 '기계'와 같은 대상으로 간주되지 않았고, 유기체로서의 의미가 강했다. 그런데 데카르트는 인간의 몸 또한 기계와 크게 다르지 않다고 보았고, 기계처럼 인간의 의지와 관계없이 스스로 자신의 법칙에 따라 작동되는 어떤 것이 바로 자연이라고 보았다. 서양의 근대를 받아들이기 이전에 동아시아 전통에도 자연自然이라는 개념이 있었다. 그런데 노자老子의 『도덕경』에 나오는 자연의 의미는 서양 근대의 자연과 거리가 한참 멀다. 노자에게 자연이란 인위적이고 인공적인 것과 반대되는 것으로, 명사로 쓰이면 한자어 그대로 '스스로 그러함', '자연스러움'의 의미가 강하다. '저절로' 혹은 '인위적으로 꾸미지 않은'을 의미하는 형용사 혹은 부사에 가깝다. 이런 의미의 단어가 서양으로부터 도입된 '대상으로서의 자연'을 뜻하는 명사에 적용됨으로써 두 의미가 혼용되고 있다(그로 인한 부작용도 적지 않다).

'권리權利'도 서양의 근대 문명이 만들어낸 새로운 단어라고 할 수 있다. 영어로 'right'는 오른쪽, 올바름, 정의라는 뜻과 함께 권리라는 뜻이 있는데, 근대의 개인주의가 발전하기 이전에는 개인의 권리라는 것이 존재하지 않았다. 프랑스 혁명 당시

제3신분, 즉 평민층이 자신들의 요구 사항을 주장할 때 비로소 특정 계층과 계급의 권리가 주어지기 시작했다. 이에 따라 누구나 합리적인 방식으로 자신의 생각을 표현하고 전달할 권리가 있고, 재판을 받을 권리가 있다는 것이 당연한 사실로 간주되었다. 이 말은 초기에 일본의 후쿠자와 유키치와 조선의 유길준에 의해 통의通義 혹은 도리道理로 번역되었고, 뒷날 권리라는 단어로 정착되었다.

영어 'freedom'을 번역한 '자유自由'는 일상생활에서도 흔히 사용되는 말이지만, 과거에는 방종 혹은 무제한의 임의적 언행 등의 부정적인 의미로 사용되었다. 이 단어가 쓰이기 시작한 초창기에는 각자가 언제 어디에서나 (남을 배려하지 않고) 마음대로 할 수 있다는 의미로 이해되었지만 시간이 흐르면서 합리적인 개인의 책임이 따르는 자유의 의미로 정착된 것이다. 이는 로크가 말한 자연 상태에서의 자유와 사회계약 이후의 자유 개념이 파악되는 과정이라고도 할 수 있다. 오늘날 일부 독재 국가에서 자신의 생각을 마음껏 표현할 자유가 없듯이 과거에는 이러한 자유를 누린다는 것을 상상도 못했다. 그래서 존 스튜어트 밀은 다수가 옳다고 주장한다고 해도 소수의 또 다른 의견이 끝까지 존중되어야 함을 특별히 강조했던 것이다.

서양의 근대를 수용한 이후 동아시아 국가들에서 일반화되어 사용되고 있으면서도 여전히 대다수가 잘 이해하지 못하는 단어가 '존재存在'라는 단어이다. 이 단어는 영어의 'being', 독일어의 'sein', 프랑스어의 'être'의 번역어인데 일본의 와쓰지 데쓰로가 번역한 이후 한국에서도 그대로 정착되었다. 영어의 be동사는 보통 어떤 것이 '있다'의 의미와 연계사의 역할을 가진다. 근대 이전의 사람들은 어떤 것이 있다고 할 때 구체적인 개별 사물의 존재 여부와 관련해서만 생각했을 뿐, 이러한 있음의 전체에 대해서는 생각하지 않았다. 존재를 뜻하는 그리스어 'on'에서 유래한 영어의 존재론ontology이라는 단어 또한 생소하기는 마찬가지다.

'사회社會'라는 단어는 영어의 'society'를 옮긴 번역어이다. 근대 일본에는 서양의 'society'에 해당하는 현실이 존재하지 않았다. 그래서 당시에 이 단어를 번역하는 데 많은 고민이 있었던 듯하다. 일본의 전통 사회에 이러한 공동체가 존재하지 않았기에 이를 설명하고 이해하기 어려웠을 것이다. 초기에 후쿠자와 유키치가 '교제' 혹은 '인간 교제'라는 말로 번역했는데, 어느 순간 사회라는 번역어가 등장하여 현재까지 통용되고 있다.[1]

서양에서 길드guild가 등장했을 때 그들은 'company'라는 단어를 사용해서 이 새로운 공동체의 성격을 규정했다. 이 단어는 라틴어에서 '함께'를 뜻하는 'com'과 '빵'을 뜻하는 'panis'가 결합된 것으로 '빵을 함께 나누는 공동체'라는 의미였다. 그

것이 회사會社라는 단어로 번역되어 직접적으로 빵을 나누기보다는 주식을 나누는 형태의 공동체라는 뜻으로 쓰이고 있다.

다른 문명의 언어를 자국의 언어로 번역하는 것의 어려움은 어떤 단어가 가지고 있는 의미를 어떻게 정확히 옮기느냐 하는 고민에서 그치지 않는다. 그 과정에서 번역하는 사람의 세계관과 사상이 담기게 마련인데, 그가 어떤 태도와 관점을 갖고 있느냐에 따라 국민적 정체성에 혼란을 가져올 수 있기 때문이다. 일본의 번역 과정에는 서양의 언어를 주인 언어로 대접하고 자신들의 전통적인 문화를 손님 언어로 취급하는 경향이 없지 않았다. 그런 측면에서 볼 때 중국의 쑨원孫文(1866~1925)은 특별한 존재이다. 그가 삼민주의를 주창했을 때 그의 의식은 철저하게 자신들의 언어를 주인 언어로, 서양의 언어를 손님 언어로 간주했다.

쑨원은 서양의 근대 사상에서 핵심이 되는 자유의 개념과 인권의 개념을 중국 역사 속에 대입하면서 서양과 다른 의미의 민권 개념을 만들어냈다. 그에 따르면 서양에서는 전제군주의 힘이 강했기 때문에 자유가 중요한 관심 주제일 수밖에 없었다. 전제군주에 저항함으로써 일어난 프랑스 혁명에서 구체화된 자유, 평등, 박애의 개념은 투쟁을 통해서 쟁취된 것이기에, 이를 지키고 보존하는 것이 아주 소중했다. 그러나 중국인들에게 자유의 개념은 '자유 아니면 죽음을 달라'고 외칠 정도로 절박한 문제는 아니라고 그는 말했다. 그러니까 자유가 절박했던 서양에서는 그것이 중심 주제가 되어 근대적 인권 개념이 탄생했지만, 쑨원이 삼민주의를 제창할 당시의 중국은 민족, 민권, 민생, 즉 만주족을 타도하고 민주공화정을 수립하며 토지제도를 비롯한 사회경제 조직을 개혁하는 일이 자유나 인권보다 훨씬 더 시급한 과제였다. 그리고 서양 제국주의의 압력 아래서 신음하고 있는 여러 나라를 보면서 쑨원은 중국이 추구해야 할 자유나 민권은 서양적 의미의 자유나 인권이 아니고, 개인의 자유를 희생하더라도 지켜내야 할 나라의 국민으로서의 민권이라고 보았다. 그는 서양 문명에서 나온 개념의 연원을 정확히 밝히고 지적하면서 자신들의 문화와 문명에 대입시키고, 중국의 상황에서 서양의 문명 혹은 개념어를 어떻게 번역하고 해석할 것인가를 고민하는 지식인의 모습을 보여주었다.

그와 달리 중국의 작가 루쉰魯迅(1881~1936)은 서양의 언어를 손님의 언어가 아니라 주인의 언어로 생각하고 자신들의 문화와 전통의 언어를 극복되어야 할 손님의 언어로 간주한 대표적인 사례라고 할 수 있다. 루쉰은 독일 작가 요한 고트프리트 폰 헤르더Johann Gottfried von Herder(1744~1803) 등에 의해서 나온 개념인 국민성 혹은 국민정신을 중국의 문화와 전통에 적용하면서 제국주의자들의 분류 개념을 그대로 차용했다. 역설적이게도 제국주의자들이 자신들의 문화적 우월성을 강조하면서 식민지 민족의 열등성을 강조하는 사회진화론적 이데올로기의 개념이 식민지를 체험하거나 그 위력에 압도된 사람들에 의해서 새로운 근대적 자의식으로 재탄생한 것이다. 국민성이라는 개념은 사실 많은 개별적인 사례를 추상하여 인위적으로 만들어낸 집합표상에 불과하다. 중국인의 국민성, 일본인의 국민성, 한국인의 국민성이라고 할 수 있는 보편적인 속성이란 그저 관찰자의 관심과 관점에 따라 혹은 여행기와 인상기를 통해서 추출된 가짜 보편성일 뿐이다. 그럼에도 불구하고 국민성이라는 개념을 설정하고 이를 우열로 나누는 전략에는 서양의 문명을 이식하려는 지배자의 욕심이 숨어 있다. 루쉰은 이러한 이데올로기에 감염된 지식인이라고 할 수 있다.

서양의 근대 문명은 인간을 자연의 속박으로부터 해방시키고 물질적 풍요를 가져다주었지만 얼마 지나지 않아 많은 약점과 한계를 드러냈다. 다른 민족을 야만으로 취급하여 식민지화하는 제국주의로 넘어갔고, 물질을 지나치게 강조한 나머지 정신문명을 도외시했으며, 시장만능주의에 따른 빈부 격차의 문제를 야기했던 것이다. 이러한 한계에 직면하자 서양의 지식인들도 자신들을 비판적으로 성찰하며 대안을 모색하기 시작했다.

16

계몽에 도전하는
낭만주의

'서사적 자아'의 탄생

근대의 계몽사상에 대한 첫 번째 비판
은 낭만주의에서 시작된다. 17세기 말에서 18세기가 계몽의 시
대라면, 18세기 말에서 19세기는 낭만주의 시대라고 할 수 있
다. 큰 틀에서 낭만주의는 계몽주의 전통을 계승하고 있다. 근대
의 발명품인 '개인'에 대한 강조는 낭만주의 전통에서 더욱 강
조된다. 그러나 그 개인은 데카르트가 말하는 '실체적 자아', 곧
대상을 객관적으로 인식하고 수나 양으로 측정할 수 있는 자아
가 아니라 전혀 연관이 없는 것 같았던 것들(대상)을 모아 아름다
운 것으로 만들고, 자신만의 이야기를 간직하려 하며, 시적 상상
력을 통해 세상을 총체적으로 보려고 하는 자아로서 이해되기
시작했다. 그림Grimm 형제가 독일의 여러 지역에서 떠돌던 민담

이나 동화 등을 채집하여 『아동 동화와 기사 동화』(1815년)를 펴낸 것은 이러한 상황을 잘 반영한다. 낭만주의 시대의 개인들은 시적 상상 혹은 예술적 상상을 통해 자신만의 이야기를 만들어 자신의 정체성을 확보하고 지속적으로 '서사적 자아'를 형성해 나갔다. 계몽의 시대와 달리, 이제 개인은 상상력과 예술을 통해 자유분방하게 자신만의 정서를 표출할 수 있는 개인으로 발전했다.

보통 우리가 '낭만적'이라고 말하는 경우는 현실적 관점을 떠나서 여유 있게 사물이나 사건에 시적 혹은 은유적 의미를 부여할 때이다. 사용하는 맥락이 사람마다 조금씩 다르긴 하지만 이 말은 오랜 역사를 지니고 있다. 낭만주의Romanticism라는 말의 어원을 형성하는 '로망roman'은 원래 라틴어에서 갈라져 나온 방언方言을 지칭하는 단어였다고 한다. 낭만적romantic이라는 말은 고전 프랑스어 'romanz'에서 나온 것인데, 라틴어에서 갈라져 나온 '로망스' 방언을 지칭하며 이탈리아어, 프랑스어, 스페인어, 포르투갈어, 카탈란어, 프로방스어가 이에 해당한다.[1]

낭만주의가 근대 이후의 역사에 기여한 점이 바로 여기서 나타난다. 계몽주의가 여전히 라틴어를 사용하면서 학문적인 언어를 구사하여 새로운 질서를 구축하고자 했다면, 낭만주의는 학문의 언어가 아닌 일반 대중의 언어로, 그리고 자신이 살고 있는 지방의 언어로 이야기함으로써 민족국가의 형성에 기여했다. 이것이 중요한 의미를 지니는 이유는 서양의 근대가 '보편'을 뜻하는 가톨릭catholic교회의 지배에서 벗어나 개별 민족국가의 언어를 통해 '새로운 보편'을 지향하게 되었기 때문이다. 데카르트를 낭만주의자라고 할 수는 없지만, 그가 『방법서설』을 당시의 학문 언어인 라틴어가 아니라 프랑스어로 썼다는 것도 근대의 민족의식 발전과 무관하지 않다.

계몽의 전통에 낭만주의가 강력하게 반대한 것은 계몽사상이 이성을 지나칠 정도로 강조했기 때문이다. 인간은 이성보다는 감정과 정서를 가진 존재이고, 이는 수와 양으로 계산할 수 없다는 것이 낭만주의자들의 생각이었다. 심지어 공리주의 철학자들은 인간이 주관적으로 느끼는 쾌락과 불쾌, 행복의 가치마저도 양적으로 측정할 수 있다고 생각했다. 데카르트만 해도 대상을 수로 파악하고 지배할 수 있는 주체(인간) 그 자체는 측량 불가능한 선험적인 존재라고 보았다. 그런데 공리주의자들은 이렇게 대상을 구획하고 재단할 수 있는 인식의 주체가 경험하는 느낌까지도 대상화하여 측정할 수 있다고 주장했다. 이러한 근대의 계산적 사고방식은 현재까지도 영향을 미치는 중요한 전환점을 형성하게 된다.

낭만주의는 고립된 주체가 아니라 역사적이고 문화적이며 지속성을 지닌 '서사적 자아'를 진정한 의미에서의 개인의 자아로 간주했다. 단지 '수학적으로', 그리고 '합리적으로' 생각한다고 해서 개인의 정체성이 보증된다고 생각하지 않았다. 자신만의 이야기가 있고, 그 이야기를 나누며, 공동체와 더불어 그것을 이어갈 때 비로소 정체성이 보증된다고 보았다. 이런 점에서 한 개인의 죽음은 생물학적 육체와 정신으로서 '사유한 사물res cogitans'이 사라지는 것이 아니라 공동체 안에 참여하고 있는 나만의 이야기가 사라지는 것이라고 말할 수 있을 것이다.

칸트를 제외하면 독일의 계몽주의자는 그다지 많지 않다. 우리가 아는 계몽주의자는 주로 프랑스와 영국 사람이다. 당시 독일은 계몽주의와 좀 더 거리가 있었다. 그 대신에 독일은 경건주의를 중심으로 하여 낭만주의 시대를 여는 많은 사상가를 배출했다. 레싱, 실러, 셸링, 헤르더, 피히테, 횔덜린, 괴테 등이 대표적인 인물이다. 이들은 세상을 보편에 기초하여 질서 잡힌 세계로 이해하기보다 한 개인이 어떻게 생각하고 느끼는지에 대한 개별적인 것에 관심을 두었다. 개인주의는 근대 계몽주의의 발견이지만, 이 개인의 개별성에 더 중점을 두면서 한 개인의 유일한 것, 개별적인 것, 특정한 사물이 지니고 있는 고유한 특성에 주목한 것은 낭만주의이다.

우리가 새로운 사람을 이해하고자 할 때, 그의 심리학적·사회학적 배경을 연구하기보다는 그와 직접 만나서 그의 몸짓을 보며 느끼고 대화하는 방식으로 접근하는 것이 더 나을 수 있다. 그 사람을 분석하는 것이 아니라 이야기를 통해 이해하려고 하는 방식이다. 이렇게 접근하면 한 개인이 지닌 고유한 특성을 더 잘 이해할 수 있게 된다. 내가 지금 만나는 사람은 단지 보편적 인간의 범주에 있는 개인이 아니고, 시간과 공간을 달리하며 그때마다 느낌을 주고받는 개별적인 인간이기 때문이다. 낭만주의는 이렇게 한 개인이 지니는 특수성과 개별성에 주목하면서 보편성의 가치 아래 획일화하려는 계몽주의의 시도에 반대한다.

낭만주의의 맹아는 이미 계몽사상가들의 생각에서도 발견된다. 샤를 루이 드 몽테스키외Charles Louis de Montesquieu(1689~1755)는 대다수의 계몽주의자가 전제한 것처럼 그 사람이 어디에 살든 모두가 이성적 존재인 것이 아니라 다른 문화에서 다른 교육을 받았으면 다른 차원의 방식으로 행동할 수 있다고 말했다. 즉 인간은 어디서나 시공간의 차이와 관계없이 동일하지는 않다고 주장했다. 이러한 그의 생각은 상대주의를 표방했던 그리스의 소피스트에게로 거슬러 올라간다. 그의 생각은 인간은 누구나 쾌락을 추구한다고 전제하거나 누구나 이성적인 능력이 있다고 전제하면서 출발하는 계몽사상의 전통과 정면으로 배치된다. 인간은 각 개인마다 추구하는 바가 다르며, 인간을 포함한 모든 생명은 보편적 기준의 관점에서 분석을 통해 이해될 수 없다. 인간은 이성적으로 활동하기보다는 감정에 휘둘려 활동하는 경우도 많으며, 오로지 쾌락만 추구하는 것은 아니어서 때로는 금욕적인 생활을 하고, 고통을 기꺼이 감내하면서 자신이 추구하는 삶을 살기도 한다.

계몽사상가들 중 데이비드 흄David Hume(1711~1776) 또한 낭만주의와 통하는 사상을 펼쳤는데, 그는 뉴턴과 계몽사상가들이 한목소리로 동의하고 있는 인과율에 대해 비판하기도 했다. 흄은 외부 세계가 실제로 존재하는지 여부를 의심했으며, 그것을 논리적으로 연역해낼 수 없다고 생각했다. 우리가 감각적으로 실재한다고 생각하는, 내 앞에 놓인 탁자가 정말 실제로 존재하는지를 논리적으로 증명할 방법은 없다고 생각한 것이다. 그저 그것이 거기에 있다고 당연하게 받아들이는 우리의 신념의 산물일 뿐, 실재한다고 생각하는 외부의 대상을 증명할 방법은 없다고 생각했다. 흄은 또한 인과율이 자연 속에 존재하는 법칙이라기보다는 우리가 그럴 것이라고 추측하고 외부의 대상들을 연결시켜서 정당화한 것일 뿐이라고 했다. 이러한 흄의 관점에서 보면 존재하는 것은 그때마다의 개별적인 현상이며, 보편적인 법칙이나 이를 도출하기 위해서 전제된 인과율은 단지 우리의 사유 습관일 뿐이다. 즉 '2+2=5'가 아니라 '2+2=4'라고 약속하고, 그에 맞게 습관적으로 응답하면 정답이 되는 것이다.

인간의 내면으로 침잠하면서 인간의 고유함에 주목했던 독일 경건주의의 영향을 받아 낭만주의 사상을 전파한 사람은 요한 게오르크 하만Johann Georg Hamann(1730~1788)이다.[2] 그는 세계를 질서정연하고 매끄럽게 정리해서 설명하려 하는 사람들 혹은 만물을 어떤 틀 안에 집어넣으려는 사람들의 태도를 비판하면서 생명과 인간 삶의 고유성에 주목했다. 그의 생각에 따르면 인간이 매 순간 만들어내는 것은 신의 창조 행위에 대한 철학적 또는 신학적 설명이나 자연의 창조 과정에 대한 수학적 법칙으로 접근할 수 없는 매 순간의 고유한 경험이다. 만약 인간의 행위를 기계적으로 설명하려 한다면, 이는 인간의 생명 자체를 시체로 만드는 결과가 될 것이다. 마치 나비를 알기 위해서 나비를 박제해 핀으로 꽂아놓는 것처럼 말이다. 따라서 인간의 열정 그 자체는 예술의 영역이고 이는 분석을 통해서 설명할 수도, 분류할 수도 없는 것이며 인간은 수학적으로만 사유하는 것이 아니고 무수히 다양한 상징으로 세상을 바라보고 사유하는 존재이다.

어떤 것이 무겁다고 말하는 것은 근대 과학의 세례를 받은 사람에게는 무의미한 진술이다. 예를 들어 지금 내가 들고 있는 것의 무게가 7킬로그램이라고 말해야 한다. 오늘 날씨가 춥다고 하는 것도 무의미하거나 두루뭉술한 표현이다. 오늘 날씨는 섭씨 영하 10도라고 말해야 정확한 표현이 된다. 그렇다면 막연히 공기가 좋다, 나쁘다고 할 것이 아니라 미세 먼지 농도가 1세제곱미터당 몇 마이크로그램이라고 말해야 한다. 경제적인 지표도 마찬가지여서 지금 경제가 크게 어렵다거나 호황이라고

말하는 것 자체는 무의미하다. 현재 세계 경제 혹은 한국 경제
는 연간 5퍼센트의 성장을 하고 있다고 해야 의미 있는 말이 된
다. 이렇게 표현해야 확실성에 도달할 수 있고 구체적인 해결책
이나 대안이 나올 수 있으며 그에 맞는 정책을 수립할 수 있는
것이 사실이다.

　하지만 이러한 양화量化가 주는 위험성은 그것이 인간 개인
이 느끼는 질적 가치를 증발시켜버린다는 점이다. 즉 수학이라
는 양화의 보편성 속에 인간이 지닌 개별성과 고유성의 가치가
매몰되는 것이다. 수학적 이성을 절대시하는 계몽주의의 관점
은 세상을 지배하는 힘으로 변모해서 관료주의라는 권력이 될
수 있었으며, 실제로 그러한 괴물을 낳고 말았다.

17

계몽의
변증법

프랑크푸르트학파의 계몽주의 비판

서양의 근대는 우리가 일상적으로 '안다'라는 단어로 표현하는 앎의 형식과 내용을 귀납과 연역, 분석과 종합이라는 논리학을 통해 접근하여 수학적으로 수치화할 수 있는 것으로 제한했다. 그 결과 우리의 삶에서 나름의 타당성을 지닌 것들도 '과학'이라는 틀 안에서 정당화될 것을 요구받게 되었다. 사회학이나 인문학 등의 학문도 자연과학을 모델로 하는 앎의 형식에 맞출 것을 요구받게 되었다. 이러한 방식의 앎은 자연의 탐구에 많은 도움을 주었고, 그 방법은 여러 분야에 활용되어 인류에게 필요한 발전을 가져온 것이 사실이다.

그러나 이러한 앎을 일반화하여 인간 삶의 모든 부분에 적용할 경우 사물을 지나치게 단순화·추상화해서 볼 우려가 있다. 서양 과학의 근간이 된 수학적(기하학적) 사유는 고대 그리스의 피타고라스와 유클리드의 추상적 기하학의 전통을 잇고 있다. 정량화되지 않은 것들을 모두 정량화하려고 할 경우에 생기는 문제는 차치하고서라도 근대 과학은 인간 삶의 경험 그 자체가 지니는 의미를 외면하고 사물에 대한 일방적인 시선만 강요하게 된다.

근대 과학의 전통에서 앎이 수학적인 것으로 제한되면서 인간 인식의 유한성과 한계에 대한 물음이 사라지고 수학을 통해서 인간은 무한한 지식에 이를 것으로 생각하게 되었다. 수학적이고 이론적인 지식이 앎의 절대적 기준이 됨으로써 다른 지식의 형태는 외면당하게 된다. 이러한 외면에 의해 망각된 것이 바로 삶의 실천적인 의미이다.

지나치게 이론적인 지식을 강조함으로써 생활세계가 망각되면 생활세계는 수학적 지식에 종속되는 위치에 처하게 된다. 그리고 나와 대상을 엄밀하게 분리함으로써 구체적인 인간의 경험을 벗어나게 된다. 하이데거가 이론적인 지식에 기초한 서양 학문의 전통을 존재자의 학문으로 평가한 것은 이 점에서 정확한 지적이라 할 수 있다.

칸트에 따르면 계몽의 지표는 타율적으로 사는 것이 아니라 자율적으로 판단하고 스스로 알려고 노력하면서 성숙한 개인이 되는 것에 있었다. 칸트의 이러한 이해는 18세기 계몽의 정신 가운데 일부에 불과하지만, 당시 계몽사상가들은 지식을 많이 가질수록 힘을 더 가질 수 있고, 이를 통해 알 수 없었던 자연의 횡포로부터 벗어날 수 있는 힘을 얻게 된다고 확신했다. 그러나 이들의 소박한 이성과 계몽에 대한 신뢰는 점차 권력이 되고 지배의 원리가 되어 제국주의라는 괴물을 낳았다. 이성 만능주의는 이성에 의해 합리적이고 통일적으로 설명될 수 없는 것들을 제외시키고, 아직 존재하지 않는 것을 가상Schein으로 간주하며, 미지의 것을 추방시켰고, 삶의 질적인 면을 제거하여 모든 것을 양화 가능한 것으로 수평화시켜버렸다.

이미 니체에 의해서, 그리고 독일 프랑크푸르트에 모였던 일군의 학자들에 의해서 서양의 계몽주의 전통이 낳은 이분법과 환원주의적 세계관은 비판된 바 있다. 이들은 자연과 물질을 분리하고, 인간의 위치를 자연에서 떼어낸 다음 인식 수단의 일부분에 불과한 '이성'에 입각한 사물 이해 방식의 절대화에 강력하게 이의를 제기했다. 테오도르 아도르노Theodor Wiesengrund Adorno(1903~1969)와 막스 호르크하이머Max Hork-heimer(1895~1973)를 비롯한 프랑크푸르트학파의 철학자들은 좁게 정의된 이성과 계몽의 개념을 비판적으로 고찰하면서 이제 자신까지도 비판할 수 있는 이성이야말로 진정한 의미의 이성임을 자각해야 한다고 말했다.*

계몽의 변증법

계몽주의가 가져온 가치들에는 무엇이 있는가? 이 질문에 대한 대답은 관점에 따라 약간의 차이가 있겠지만 대체로 진보, 자유, 합리성을 향한 노력이라는 점에 동의할 것이다. 이러한 가치들은 과학에 기초한 합리성을 기반으로 형성된 것이다. 과학에 기초한 합리성은 신앙에 기초한 미신을 몰아낼 수 있는 강력한 동력으로 작용했고, 코페르니쿠스의 책 제목에 등장한 단어가 함축하고 있듯이, 세계는 지금까지와 전혀 다른 세계로의 '회전revolution'을 겪었다(지금까지와 전혀 다른 관점에서 보는 방식을 말할 때 '코페르니쿠스적 전환'이라고 한다).

그리하여 세계는 바야흐로 중심이 없던 시대에서 '서양과 나머지 세계'로 재편되기 시작했다. 이 재편의 과정은 제국주의에 의한 식민지 지배에서 그대로 드러났다. 코페르니쿠스가 '태양은 별들의 가족을 지배하고 있다'라고 말한 것처럼, 서양은 자신들을 제외한 나머지 나라를 식민지로 만들어 지배했다. 이러한 중심의 이동 혹은 회전은 곧 위치와 장소를 둘로 나누는 것으로 이어졌다.

이제 지구에는 두 개의 방위만 존재하게 되었다. 서쪽과 동

* 아도르노는 대표적인 근대 문명 비판가로, 독일에 나치 정권이 들어서자 미국으로 건너가 뉴욕 대학교에서 철학과 사회학을 가르쳤고 훗날 프랑크푸르트 대학교로 돌아와 후학들을 가르쳤다. 저작으로는 『부정의 변증법』 외 다수가 있다. 호르크하이머는 아도르노와 함께 프랑크푸르트학파를 이끌었으며 『도구적 이성 비판』, 『비판 이론』 등을 남겼다.

쪽, 아니면 북쪽과 남쪽으로. 물론 동쪽에 있으면서도 서쪽에 있는 양 행세하는 나라가 없지 않았다. 자신들이 처한 지리적 운명을 모방과 흉내를 통해 정신적으로나마 벗어나려는 시도도 있었다. 탈脫아시아론이 바로 그것이다.

과학적 합리성에 기초한 계몽주의의 발전은 아무리 강조해도 지나치지 않다. 인류는 미신과 신화가 지배하던 시대에서 벗어났다. 하지만 개인의 자유를 추구한 계몽주의는 점차로 그 자유가 경제에 예속되는 결과를 낳았다. 과학 및 과학적 합리성은 중세를 구원하고 새로운 시대를 여는 구세주처럼 등장했지만 '과학주의'라는 새로운 종교의 위치에 서서 과학만이 모든 것을 설명할 수 있다고 생각하고, 이성적이지 않은 모든 것을 박해함으로써 과학혁명 초기에 교황의 역할을 대신하게 되었다. 자율적 시민들의 이성에 의한 사회계약이 관료정치로 둔갑하고 '보이지 않는 손'의 조절로 지탱되어야 했던 경제는 관리주의 managerialism로 변질되었다.

칸트는 계몽된 시대가 아닌 계몽의 시대에 살면서 중세적 신의 명령에 따른 타율적 도덕 질서가 아닌, 정언명령이라는 자기 입법의 원리에 따른 도덕 질서가 계몽의 중요한 가치임을 역설했다. 그러나 계몽 군주였던 프리드리히 대제를 너무 과신한 나머지 칸트는 '계몽의 역설'을 말하기도 했다. 자유가 한꺼번에 다 주어지면 개인들은 자유의 필요성을 못 느낄 것이기에, 계몽 군주가 적당하게 개인의 자유 확장에 완급 조절을 해주어야 한다는 역설이 그것이다.

세상은 계속해서 변하지만 사람의 의식이 그 변화를 따라잡지 못한다는 사실은 시대를 관통하는 진실인 듯하다. 지금 전 세계는 계몽의 시대를 지나 바야흐로 '포스트 휴머니즘post-humanism과 팬데믹pandemic의 시대'의 한복판에 놓여 있다. 근대 계몽주의 전통의 산물로 형성된 서양과 나머지 세계의 국가 시스템은 중대한 시험의 기로를 맞이했다. 서양 각국의 정치 지도자들은 계몽의 중요한 가치인 인간의 자유를 통제하지 않으면서 코로나19 시대에 대처하고자 했지만, 결국 '집에 머물라Stay at home'고 하며 실상은 전체주의 모델을 따르고 있다. 계몽 정신의 핵심인 인간의 가치는 실종되고 경제를 살려서 일상으로 되돌아가야 한다는 관리주의가 지배하고 있다. 사람들은 주식 시세표를 들여다보며 경제가 곤두박질칠까봐 걱정하고, 세계시민주의cosmopolitanism의 실현 가능성을 보였던 유럽연합EU도 경제 붕괴만 걱정하고 있다.

계몽의 가치였던 과학적 합리성, 개인의 자율성, 인류는 진보한다는 신앙이 크게 흔들리고 있다. 특히 계몽주의 철학자들이 일관되게 주장했던 세계시민주의의 가치가 중대한 도전을 받고 있다. 전염병에는 국경이 없으니 지금이야말로 모든 나라가 공조와 연대를 취해야 함에도 불구하고 여전히 국민국가 단위의 국가 이념에 사로잡혀 그 가능성을 보지 못하고 있다. 앞으로 팬데믹 시대 이후에는 사람들의 의식이 크게 바뀌어 있을 것이다. 이제 더 이상 서양이 중심이 아니라는 인식 전환과 함께 인류가 공존할 수 있는 방향으로 나아가는 시대, 세계시민적 지성이 지배하는 시대로 나아가리라는 희망을 갖게 될지도 모른다.

18

자연의 법칙과
인간의 본성

서양 근대 과학의 네 가지 특징과 문제점

서양의 근대를 연 데카르트는 확실
한 것을 추구하면서 신, 기하학적 도형, 사유, 물질의 순으로 존
재의 확실성을 나누었다. 또한 데카르트는 인간을 '육체'라고
하는 물질의 2차적이고 우연적 성질과 '정신'이라고 하는 물질
의 1차적 성질로 나누었다. 그리고 정신이라는 인간의 본래적
이고 1차적인 성질에 도달하기 위해 '방법적 회의'라고 하는 절
차를 수행한다. 2차적 성질에 해당하는 색이나 맛, 질감 등은 우
연적일 뿐더러 가변적이어서 이러한 2차적 성질에서는 변하지
않는 속성, 곧 확실성의 정도가 낮을 수밖에 없다고 생각했다.[*]

그런데 인간의 육체를 통한 감각이 불확실하긴 하지만 다
행히 인간의 영혼은 신과 닮아서 육체의 우연성(2차적 성질)에 지

배를 받다가도 언제든 방법적 회의를 통해 본래적이고 1차적인 성질을 다시 불러올 수 있다는 것이 데카르트의 생각이다. 따라서 육체의 쾌락이나 욕망에 빠져 이성으로 돌아오지 않으면 그 인간은 더 이상 인간이 아니다. 동물의 수준에 불과하다. 인간 유기체는 기계같이 자연적인 법칙에 따라 움직일 뿐이다. 데카르트가 이렇게 사유하는 근거는 수학 혹은 기하학이라는 학문이 자연 및 자연의 법칙을 설명하는 데 가장 이상적이라고 생각했고, 인간 또한 자연의 법칙으로 설명할 수 있다고 믿었기 때문이다.

데카르트는 수학과 기하학, 그리고 인과론적 설명을 모델로 하여 모든 학문이 자신의 학문적 토대를 구축할 수 있다고 보았다. 데카르트의 이러한 실재reality 모델은 멀리 플라톤과 피타고라스, 탈레스 등으로 거슬러 올라가는 이오니아학파의 존재론과 이어진다. 자연은 수로 되어 있으며, 이 수적인 법칙을 수학적 이성의 훈련을 통해 알 수 있다고 그들은 생각했다. 이러한 관점은 우리가 경험하는 물질을 그 형상과 질료, 혹은 수로 설명될 수 있는 기하학적 이미지와 시각이나 감각으로 경험되는 물질, 두 가지로 구분하여 바라보는 이원론적인 사고방식의

*　영국의 경험주의 철학자이자 정치사상가인 존 로크 또한 사물을 두 개의 속성으로 나누고, 두 가지 관점에서 고찰하여 사물의 특성을 각각 1차 성질과 2차 성질로 나누었다. 그에 따르면 1차 성질에 해당하는 것은 연장, 도형, 수 등이고 2차 성질에 해당하는 것은 한 사물이 지니고 있는 감각적인 속성, 곧 색, 소리, 맛 등이다.

산물이라고 할 수 있다.

우리가 일상에서 경험하는 사과는 그 사과와 관련된 자신만의 관심을 떠나서 지각될 수 없다. 만약 이러한 관심을 떠나서 '순수한 사과' 혹은 '사과의 이미지'만 떠올리려면 추가적인 작업이 필요하다. 이때의 작업은 감각적 지각의 상황을 배제하고 오직 상상을 통해 그 이미지만 생각하는 작업일 수 있다. 데카르트는 '방법적 회의'를 통해 이를 성취하려 했는데, 우리가 경험하는 사물들에서 이미지만 떠올리거나 특정한 사물이 가진 도형만 떼어내어 생각하는 순간, 우리는 사물을 있는 그대로 보지 않고 이미지나 도형으로 추상화하는 것이다.

이렇게 모든 감각적 경험에서 떼어낸 대상은 곧 그 사물의 본질이 되고, 나머지는 질료 혹은 어떤 의미도 지니지 않은 물질의 덩어리로 남게 된다. 마치 정신이 없는 인간의 육체처럼, 혹은 영혼이 없다고 생각되는 짐승처럼 말이다. 이러한 환원론적인 사유가 데카르트와 서구 전통의 기하학적 사유의 기본 토대이다.

그러나 이러한 기하학적 사유는 그 정반대의 입장에서 반박할 수 있다. 물질의 실재성은 그 물질의 외적인 이미지나 도형이 아니라 시각과 후각, 촉각을 통해서 느껴지는 그때마다의 경험에 있다고 말이다. 이때 우리는 감각적인 것에서 출발하는 경험론을 연상할 수 있다. 그러나 경험론 역시 경험이 축적되어 어떤 일반적인 경험에 이르는 과정에서 기하학적 사유의 전제가 되는 생득 관념을 차용하지 않을 수 없다. 이 두 입장은 다음처럼 정식화할 수 있을 것이다. '나는 (기하학적으로) 사유한다, 고로 존재한다'와 '나는 느낀다, 고로 존재한다'라고 말이다. 모리스 메를로 퐁티Maurice Merleau Ponty (1908~1961)가 지각의 현상을 말할 때 의도하고자 했던 것은 바로 이렇게 몸으로 세상과 마주하는 육체화incarnation의 경험이라 할 수 있을 것이다.

　서양 근대 과학의 특징을 몇 가지로 나누어 살펴보자.

　첫째로, 그들은 현상과 본질을 나누어 생각했다. 눈에 비치는 현상의 배후에 본질적인 것이 있다는 생각은 고대 그리스의 탈레스나 데모크리토스 등의 생각에 기초해 있다. 그들은 눈에 보이는 세상 저편의 본질을 탐구하고자 했는데, 그 이유는 눈에 보이는 것은 가변적이어서 확실한 지식의 바탕이 되기에는 부족하다고 여겼기 때문이다. 피타고라스 이후 눈에 보이는 피라미드와 이를 구성하고 있는 직각삼각형을 본질적인 형상이라 생각하고 이 도형의 본질에 대해서 탐구한 것은 잘 알려진 사실이다. 유클리드Euclid(기원전 330?~기원전 275?)가 『기하학 원론』에서 완성한 이러한 추상적인 수학에 대한 탐구는 서양 학문의 원천이 되었다. 본질을 수학적인 법칙성에서 찾고, 그에 대한 증명을 통해 세계를 정합적으로 설명해보고자 한 시도가 서양의 근대 과학을 가능하게 했다고 할 수 있다.

이처럼 현상과 본질을 나누어 생각하는 사유는 과학을 가능하게 했지만, 이것은 실상 기하학적인 한 점을 수학적인 위치로 고정시켜놓고 세계가 양적인 것으로 가득 채워져 있다고 생각하는 전제에서 출발한 것이어서, 이 전제가 무너지면 그 자체로 허구가 될 수밖에 없다. 이런 맥락에서 과연 세상은 수로 채워진 절대적인 시간, 절대적인 공간으로 구성되어 있는가 하는 질문을 던질 수 있다. 이렇게 절대적인 양의 세계로 이루어져 있다고 생각하고, 그에 따라 논리를 전개하면 많은 것들이 주어진 테두리 안에서 설명될 수 있다. 하지만 이것은 인위적인 조작(가정) 상태에서의 설명일 뿐, 세상 그 자체는 얼마든지 달리 설명될 수도 있다.

둘째로, 현상과 본질을 나누는 방식에서 파생된 또 다른 사유 방식은 우연과 필연의 구분이다. 현상은 자주 우연에 의해서 드러나는 것이기에 필연적인 것, 곧 본질적인 것에 기초하여 설명할 수 없을 때가 많다. 그러나 근대 과학의 환원론적 물질론의 시각에서 보면, 원자들의 이합집산에 의해서 여러 가지 형태의 물질이 형성될 수 있지만 물질의 본질은 어디까지나 원자이다. 원자는 더 이상 쪼개질 수 없는 완전한 것으로서 영원하고 필연적이다. 따라서 본질적인 것은 완전한 것이고, 완전한 것은 필연적인 것이라는 등식이 성립한다. 이와 달리 현상적인 것은 불완전한 것이고, 불완전한 것은 우연적인 것이다.

이 같은 구분은 고대 그리스의 데모크리토스로 거슬러 올라간다. 데모크리토스는 서양 물질론자의 전형인데, 그에 의해서 비로소 어떠한 인격적 신神도 부정하는 생각이 발전한다. 그는 어떤 것의 원인자로서 최초의 인격을 설정하지 않고, 모든 것의 원인을 원자로 돌린다. 데모크리토스의 물질론적 사고의 계열은 에피쿠로스, 루크레티우스, 가상디, 뉴턴으로 이어진다.

셋째로, 근대 과학은 분석적 사고를 기초로 완성된다. 잘 알려져 있듯이, 근대 과학의 상징적 인물인 데카르트와 뉴턴은 분석을 학문의 중요한 방법론으로 채택한다. 주어진 상태를 있는 그대로 받아들이기보다는 이를 쪼개고 분석한 다음 다시 종합하는 방식으로 자연을 탐구한다. 이러한 관점에서 세계는 기존의 목적론적 세계 혹은 기능적인 세계이기를 그만두고, 분석적 사고에 의해 인과적인 설명 체계로 간주되어 '인과적·기계론적' 세계로 이해되기에 이른다. 데카르트가 인간의 육체와 동물을 정교한 기계로 간주한 것은 그 대표적인 사례에 해당한다. 뉴턴 역시 에테르와 신의 간섭을 말하면서 그것이 정교한 기계적 움직임이라는 사실에 주목하고 있다. 콜링우드R. G. Collingwood (1889~1943)가 지적하듯이, 근대에 인간 유기체의 목적적 세계관을 대체하여 기계론적 세계관이 대두하게 된 것이다. 근대 과학은 인간을 포함한 모든 자연을 생명이 없는 기계로 간주했다.

근대 과학은 가급적 개인의 주관성을 배제하고 객관성에

이르려 했기 때문에, 인간과 자연이 생명의 연결고리로 관계하고 있다는 생각에서 멀어졌다. 자연 속의 생명을 전체적인 차원 혹은 지구 전체의 유기체적인 차원에서 보지 않고, 단지 우주 안에 있는 인간만 생명(영혼)을 가진 존재로 인식했다.

넷째로, 볼테르와 헤겔에게서 볼 수 있듯이 근대인들은 인간의 이성에 대해 낙관적이었다. 이들은 인간만이 문명과 역사를 만들어갈 수 있는 독특한 주체이며, 인간이 자신의 이성을 통해 바람직한 문명과 역사를 만들어갈 수 있다고 낙관적으로 생각했다. 이러한 생각은 마르크스에 이르기까지 지속되었고 '진보 신앙'이라는 이름으로 불리기도 한다. 이미 알고 있듯이, 헤겔은 역사는 중국에서 시작되어 독일 게르만족에서 완성되었다고 보았다. 그는 중국에서는 한 사람의 황제만 자유롭고 나머지는 자유롭지 못했지만, 이후 다른 나라들에서 점차 더 많은 통치자에 의해 자유로운 사람이 많아지게 되고 마침내 독일 게르만족이 수립한 민주주의에서 모든 사람이 자유로운 상태로 발전했다고 주장했다.

헤겔의 이러한 역사의 시작과 목적의 설정은 성서에 나오는 신의 섭리 이야기 구조에 그 근거를 두고 있다. 그 서사에 따르면 신이 세상을 창조했고 아담의 타락 이후 인류의 역사가 시작되었지만, 그 후에도 인간은 계속 신의 의지에 반하는 타락의 삶을 살게 되었으며 인간은 스스로 이러한 죄와 타락을 해결할 수 없었다. 그래서 신이 예수 그리스도를 이 땅에 보내주었는데, 이를 받아들인 사람은 역사의 끝에서 구원에 이르게 되지만 그러지 못한 사람은 저주를 받게 된다는 것이다. 이러한 유대교와 기독교적인 역사 이해는 마르크스의 변증법적 유물론에서도 발견된다. 다만 그 설명 방식이 다를 뿐이다.

유대교와 기독교를 비롯한 서양의 전통적인 사고방식을 상대화하여 관찰하려면, 그렇지 않은 사고방식과 비교할 수 있어야 한다. 유대교와 기독교 전통의 직선적 역사 이해는 중국이나 인도의 순환적 역사 이해와 비교할 때 분명하게 그 특성을 알 수 있고, 고대 그리스 사상과 서양의 근대 사상 역시 마찬가지이다. 고대 그리스인들이 '~란 무엇인가?'라는 물음을 가장 중요한 과제로 간주하여 사물의 본질을 탐구했다면, 고대 인도인들은 인간이 어떻게 하면 생로병사의 고통에서 벗어날 수 있을까를 고민했고, 고대 중국인들은 통치자들의 도덕성이 국가 전체의 흥망성쇠를 좌우한다고 생각해 왕도王道 정치와 성인聖人 정치를 할 수 있는 치자治者에 의한 유교적 질서를 세우고자 했다.

오늘날 인도와 중국 모두 서양의 과학과 자본주의를 받아들였지만, 서양의 근대가 오기 전까지 이들의 관심은 서양적 관점의 인식론 및 논리와 거리가 먼, 깨달음과 해탈 혹은 타인과 더불어 원만하게 살아가는 도덕군자가 되는 데 있었으며 그런

18

것들을 삶의 목적으로 삼았다. 그렇기 때문에 서양 근대 문명의
수용 과정에서 갈등이 빚어질 수밖에 없었다.

19

문명에 대한
새로운 관점들

서양의 '근대 기획'에 대한 비판

서양의 근대화는 문명개화와 교역을 빌미 삼은 식민지 건설로 이어졌다. 그 결과 식민지를 경험한 인도, 그리고 여전히 서구 문화와 대립각을 세우고 있는 이슬람 문명권의 지식인들은 서양의 근대 문명에 개방적인 태도를 취하기도 하지만 자신들의 전통 위에 서서 서양의 근대 문명을 비판한다. 인간이 만든 제도에 따라 인간이 인간을 다스리는 것이 아니라 신 혹은 절대자의 율법에 순종하고 이 절대자 앞에서 모두가 평등하게 대접받아야 한다는 이슬람의 교리와 주장은 자본주의 사회를 향한 전면적인 비판으로 이해될 수 있다.

과연 서양의 근대인들이 생각한 것처럼 교역을 하고 개발을 하는 것이 진보와 발전인가? 이러한 근본적인 물음에 오늘날 많은 사람은 문명의 척도가 물질적인 부富에 있는 것이 아니라 인간의 자제력과 도덕성에 있으며, 사람이라면 살아가면서 반드시 갖추어야 할 정신적인 가치, 인내와 자제력, 자기 수행과 인간의 성숙, 지속 가능한 개발 등에 대해서 생각해야 한다고 응답한다. 문명의 기준은 얼마나 많은 사람이 자신의 손으로 노동을 하고 타인과의 관계에서 자제력을 발휘하느냐에 있다는 것이다. 또한 수입에만 매달리지 않고 지역사회 전체의 생태계와 환경을 고려하며 함께 잘 사는 방법을 모색해야 한다고 말한다.

최근 들어 대만 출신의 뚜웨이밍杜維明(1940~)을 비롯해 중국의 학자들이 자본주의와 아시아적 가치의 차이점에 주목하고 있다. 이들은 동아시아의 전통적 가치를 재평가하면서 위기에 빠진 현대 문명을 구하기 위한 대안적 가치를 제안한다. 이러한 비판은 분명 서구의 눈으로 아시아를 타자화하는 시선에서 벗어나 서구를 타자화하는 주체적 시선을 반영하고 있는데, 이러한 관점은 자칫 또 다른 배타성의 원인이 될 수도 있다. 그 이유는 새롭게 떠오르는 중국이 자기들의 '제국주의' 이데올로기로 자신들의 전통적 가치를 절대화할 우려가 있기 때문이다. 중국 정부가 이런 주장들을 적극적으로 수용하고 권장하는 것을 보면 단순한 기우杞憂로 치부할 수만은 없다.

뚜웨이밍에 따르면 서양의 '근대 기획'은 지나치게 개인과 국가만 강조한 나머지 가족과 공동체의 가치를 보지 못했고, 자연과의 조화 문제를 소홀히 했으며, 국가적 이익에 집착하여 사해동포적인 정신을 갖추지 못했다. 이러한 문제에 대한 대안으로 뚜웨이밍은 '유학 인문주의'를 제창한다. 그가 말하는 유학 인문주의 정신의 요체는 공공의 필요에 반응하는 정부, 가족 내에서의 상호성 원칙의 활성화, 공동체의 연대, 인성을 도야하는 전인교육, 그리고 수신修身을 통한 자기 성숙 등이다. 그리고 이를 공감, 분배적 정의, 의무 의식, 의식儀式, 그리고 공공 정신, 집단 지향성 등으로 압축한다. 서양적 가치를 대신하여 제시한 그의 입장을 도표화하면 다음과 같다.

	서양의 가치(계몽의 전통)	동양의 가치(유학의 전통)
강조점	개인과 국가	가족
경제정책	'보이지 않는 손'에 의한 자유무역	국가 주도의 공공복지 정책
교육	인지능력 강조	윤리적 지능 강조
인간상	능력을 가진 기능적 인간	인성의 도야, 인간 성숙
인식론	배타적 이원론 정신 / 물질, 마음 / 신체, 신성 / 세속, 주체 / 객	상보적 이원론(포괄적 감수성) 처음 / 끝, 깊음 / 얕음, 앞 / 뒤, 위 / 아래, 안 / 밖

그는 이러한 유학 인문주의 정신의 뿌리를 유학의 경전인 『대학』과 『중용』에 나오는 '격물치지格物致知 수신제가修身齊家 치국평천하治國平天下'와 천인합일天人合一 사상에서 발견한다.

그에 따르면 유교 경전에서 발견할 수 있는 이러한 가치들은 서양의 인간 중심적 개인주의와 환경 파괴 문제에 대한 대안을 제시해줄 수 있다.

이슬람 근본주의자들 또한 서양의 문명이 지나치게 물질문명에 치우쳐 있고, 인간의 존엄성이나 도덕적인 가치에 관심을 두지 않는다고 비판하면서 자신들이 간직해온 이슬람 문명의 우월성을 강조한다. 문명은 단지 먹을 것과 질병의 퇴치라든가 하는 측면에서만 고려되어서는 안 된다는 것이 그들의 생각이다. 문명이 진정한 가치를 가지려면 그 문명 안에 살고 있는 사람들의 도덕성이 진보해야 한다는 것이다. 인간이 만든 제도 속에 갇혀 있는 한 그 안에 살고 있는 누구도 자유로울 수 없지만, 오직 신의 법에만 의지할 때 진정한 자유가 올 수 있다고 그들은 주장한다. 따라서 신 앞에서 모두가 평등하며, 인간성에 최고의 가치를 두는 이슬람 문명이 서양 문명보다 앞선 최고의 문명이라는 것이다.

거의 200년 동안 영국의 지배를 받은 인도에서 구자라트어로 '문명'을 뜻하는 단어는 '올바른 행동'을 의미한다고 한다. 구라자트어가 모어母語였던 마하트마 간디는 이를 상기시키면서 문명의 과정은 이론이나 물질적인 진보가 아니라 자제력을 가진 사람이 많으냐 적으냐에 달려 있다고 주장했다. 그는 단지 편리함만 추구하는 것이 아니라 인간이 가진 손과 발을 적절히 사용하면서도 자제력을 가지고 자립적으로 사는 사람이 많은 사회일수록 문명에 더 가깝다고 생각했다. 인간이 만든 제도에 따라 인간이 인간을 다스리는 것이 아니라 신 혹은 절대자의 율법에 순종하고 이 절대자 앞에서 모두가 평등하게 대접받아야 한다는 이슬람의 교리와, 자립과 절제력을 강조하는 간디의 주장은 자본주의 사회를 향한 예리한 비판이다.

스웨덴의 언어학자 헬레나 노르베리 호지Helena Norberg Hodge(1946~)는 인도 북부의 라다크를 방문하여 그곳 사람들과 함께 살면서 서구적인 모델에 따른 개발계획의 문제점을 발견하게 되었다. 그녀에 따르면 개발 이후 라다크 사람들이 이전처럼 자신들이 가지고 있는 것에 만족하며 살기보다는 불만족스러워하는 경우가 많아졌고, 순수하게 일하기보다는 물건을 팔아 돈을 버는 일에 관심을 두게 되었으며, 공동체와의 협동 작업을 통해 다양한 곡물을 경작하던 농부들은 점차 원격지 시장에 내다 팔기 위한 환금성 좋은 단일 농작물을 경작하려 했다. 공동체를 기반으로 한 다양한 품종의 생계형 농경은 표준화된 종자를 사용하는 산업형 농경으로 변모했고, 그 결과 소규모 경작을 통해 살아가던 농민 계층의 자급자족경제가 붕괴되었다. 또한 지역개발이 진행되면서 환경오염이나 범죄율 등이 눈에 띄게 높아졌다. 호지는 과연 자본주의적 개발계획이 원주민들의 행복을 위한 것인가 하는 근본적인 물음을 제기하면서 서구적 개발 논리가 얼마만큼 보편성을 가지고 있는지 근본적으로 다시 생각해볼 것을 촉구한다. 그녀가 관찰한 라다크 주민들의 변화를 요약하면 다음과 같다.

개발 이전	개발 이후
욕심 없음	돈을 버는 일이 중요한 관심사가 됨
전통적 관습과 공동체에 의존	현대 과학이 생산량 증대에 도움이 된다고 생각함
만족	언제나 부족하다고 생각함
자급형 경제구조	외부 세계에 대한 경제 의존성이 높아지고 빈부 격차, 인플레이션, 범죄 발생

라다크 주민들이 겪고 있는 삶의 변화에서 우리는 영국에서 시작된 종획운동(인클로저 운동)과 산업혁명이 어떻게 지구 구석구석에까지 무비판적으로 파급되어 부작용을 낳고 있는지를 잘 알 수 있다. 개발 이후 자급형 경제에서 산업형 경제구조로 바뀐 라다크 주민들의 삶은 자족을 위한 삶에서 이익을 위한 삶으로 변모되고, 그에 따라 토지 황폐화와 빈부 격차 등의 문제가 발생했으며, 인간관계 역시 계산적이고 이기적인 것이 되었다. 여기서 우리는 인류의 문명 그 자체에 대해서, 그리고 그 문명의 앞날에 대해서 진지하게 생각해볼 필요가 있다.

지구적 차원에서 일어나고 있는 근대 자본주의 기획에 문제가 있다고 해서 지금 다시 자급자족형 경제구조로 돌아갈 수 있을 것 같지는 않다. 우리의 생각을 되돌려서 고대인과 중세인이 가졌던 세계관으로 회귀할 수도 없는 노릇이다. 산업혁명 초기부터 제기되어온 근대의 기획에 대한 비판에서 우리가 얻을 수 있는 교훈은 무엇일까?

애덤 스미스Adam Smith(1723~1790)는 행복을 위해 '최소한의 생계유지'가 있어야 한다고 했지만, 그가 말한 최소한의 생계유지에 필요한 부는 어느 정도가 적정선일까? 칼 마르크스는 계급 대립의 오랜 역사에 마침표를 찍을 수 있는 주체로서 노동자를 들고 있다. 그런데 과연 우리가 노동자의 '이성'을 전적으로 신뢰할 수 있을까? 노동자의 이익이 국가 전체의 이익을 가져다줄 수 있을까? 에른스트 슈마허Ernst Friedrich Schumacher(1911~1977)는 경제 규모를 줄여야 한다고 말하면서(『작은 것이 아름답다』) 이기심에 의해서가 아니라 자신을 정화하기 위해서 노동을 하고 타인과 관계를 맺어야 한다고 주장했다. 그는 대안으로 불교경제학을 제안했는데[1] 이러한 관점을 현실에 어떻게 적용할 수 있을지는 숙제로 남아 있다. 에리히 프롬Erich Pinchas Fromm(1900~1980) 또한 소유 중심의 삶에서 벗어나 존재 중심, 관계 중심의 삶으로 정향되어야 한다고 주장했다.[2]

우리는 오늘날 지난 세기의 산업자본주의와는 또 다른 상황에 직면해 있다. 산업자본주의는 소비자본주의를 넘어서 이제 지구적 규모의 금융자본주의로 바뀌었기 때문이다. 지금은 거의 모든 나라가 지구적 규모의 경제적 이해관계에 얽혀 있다. 이렇게 세계화된 세상은 더 이상 중세적 세계관이나 계몽적 이성의 중요한 시금석이었던 직선적 인과율에 입각해서 설명할 수 없는 복잡한 다층성을 가진다. 멀고도 가까운 인연因緣의 그 물망에 의해서 전 세계의 경제가 서로 거미줄처럼 연결되어 있는 것이다.

우리의 생각이나 우리의 대안도 이제는 더 이상 한 개인의 문제나 한 국가의 문제로 제한될 수 없다. 우리는 어떤 방식으로 우리가 직면한 문제에 대한 해결책을 찾아나서야 할까?

Voltaire Philosophy of Newton frontispiece

제3부 새로운 문명

ENLIGHTENMENT

20

과학의 마법에서
벗어나기

신화, 종교, 예술에 대한 재해석

서양의 근대는 뉴턴의 과학, 곧 자연
과학에 기초한 시대였다. 근대 이후 모든 학문은 자연과학적 모
델에 따라 자신의 학문성을 인정받아야 했다. 다시 말해 엄밀한
방법론을 적용하여 인과적으로 설명하지 않으면 그 지식은 지
식이 되기에 부족한 것으로 간주되었다. 이러한 관점은 지금도
여전히 지속되고 있으며, 많은 긍정적 결과를 가져온 것이 사실
이다. 근대의 과학 정신은 종교적 미신이나 고대의 신화뿐만 아
니라 인간의 삶에서 중요한 위치를 차지하는 문학, 역사, 예술의
가치마저도 논증과 증명의 가능성에 무게를 두고 그 예술성과
학문성을 의심했다. 에드워드 오스본 윌슨Edward Osborne Wilson
(1929~)이 『통섭』이라는 책에서 '이오니아의 마법'이라고 말하

는 것이 바로 고대 그리스의 사유 전통에서 출발한, 이러한 근대적 설명 방식이다.

윌슨은 인간의 행동과 관련된 도덕의 문제까지도 인과적으로 설명될 수 있다고 보았다. 현재까지의 과학이 아직 설명하지 못하고 있을 뿐, 언젠가는 인간의 행위까지도 과학적으로 예측할 수 있는 날이 올 것이라고 말했다. 일찍이 존 스튜어트 밀은 자연과학의 모델에 따라 도덕의 문제를 해명할 수 있다고 생각했고, 칼 포퍼Karl Popper(1902~1994)는 자연과학 이외의 여타 학문들도 자연과학의 모델에 따라 최소한 기상학 정도의 예측 가능성이 있는 학문이 되어야 한다고 주장했다. 포퍼는 그럴듯한 유형의 패턴 정도만 가지고서 마치 모든 것이 증명된 것인 양 학문 행세를 해서는 안 된다고까지 말했다. 그러나 니체를 비롯하여 현대의 여러 철학자는 이러한 근대 과학의 모델에 비판적 입장을 취하고 근대 과학적 세계관을 해체Destruktion하고자 한다. 이때의 해체란 1차적으로 '파괴'라는 뜻으로 해석되지만, 고대 그리스의 형이상학 혹은 근대적 방법론 이전의 경험을 복원해내면서 근대 이후의 경험이 지녔던 의미와 한계를 지적하는 개념으로 이해되어야 한다. 한마디로 서양의 근대에 대한 비판적 성찰이라고 할 수 있다.

앞에서 피타고라스의 수 신비주의 전통을 계몽과의 연관성 속에서 설명했는데, 이러한 고대 그리스의 형이상학 정신이 그대로 드러나 완성된 형태가 근대 과학이다. 고대 그리스인들이 추구했던 불변의 존재에 대한 탐구는 근대에 이르러 자연법칙의 연구로 정당화되었다. 고대 그리스인들은 수학의 중요성을 알았고 수학을 통해 불변의 진리에 이르는 길을 알고 있었지만, 근대인들처럼 실험을 통해 증명할 수는 없었다. 근대에 들어온 뒤부터 확실한 것 혹은 불변의 존재는 수학적으로 증명될 수 있는 것으로 제한되었다. 중세 존재론의 핵심인 신의 존재도 근대적 수학의 법칙성에 종속되었다.

아리스토텔레스의 삼단논법(연역법)은 단순히 명제가 지칭하는 범위와 관련된 형식논리학의 차원에서 경험을 다루었지만(아리스토텔레스는 자신의 논리학 저서 『오르가논』에서 연역법을 정립했다), 데카르트는 기하학 혹은 수학적인 방법을 통해 보다 확실한 영역을 설정하고 거기에서부터 출발하고자 했다. 확실한 경험에 대한 물음이 아리스토텔레스에게는 없었다. 베이컨이 『신기관 Novum Organum』(이 책의 제목 자체가 아리스토텔레스의 논리학 저서 제목인 '오르가논', 곧 연역법에 대한 비판을 함축하고 있다)에서 설명하고 있듯이, 아리스토텔레스의 형상은 경험할 수 있는 구체적인 사태를 지칭하는 것이 아니었다. 그래서 베이컨은 그것이 엄밀하게 귀납법을 적용해서 검증한 확실한 사실이 아니라 막연한 추상화의 산물이라고 비판했다. 고대와 근대의 실재에 대한 규정은 완전히 다르다. 고대 그리스의 과학episteme(이론적 앎)이 말 그대로 실험과 증명이 없는 상태에서의 철학(지혜에 대한 추구)이었다면, 근대 과학은 수학적·실험적 증명을 통해 검증하는 확고한 앎science이었다. 확실성을 추구했다는 점에서는 같지만 그에 이르는 방법에서 고대 그리스 철학과 근대 과학은 달랐던 것이다.

확실성을 추구하는 정신, 일상적인 우리의 감각에 의존하지 않고 보다 확실한 실재에 이르고자 했던 고대 그리스의 사유 방식은 근대 자연과학의 정신과 연속성을 유지하고 있다. 플라톤이 『국가』에서 시인 추방론을 펼친 이후 예술이 가진 인식의 기능 혹은 예술이 가진 진리의 기능이 논리학의 인식, 논리학의 진리로 대치되면서 가장 근원적인 차원에서의 인식으로 자리 잡고 있던 예술의 인식 차원이 저평가되었다. 칸트는 『순수이성비판』에서 인식의 기능을 순수이성의 기능에 할당하고 『판단력비판』에서는 미적 의식의 차원을 인식의 기능으로 보지 않았다. 이는 플라톤과 달리 아리스토텔레스가 『시학』에서 중요하게 강조했던 미메시스mimesis(모방)의 가치가 지속적으로 저평가되는 것과도 연결되어 있다.

문학, 역사, 철학 등은 자연과학적 설명과 인식의 기능과는 구별되는 독특한 인식의 가치를 가지고 있는데, 이 인식의 가치가 무시되었다. 예술이 인간의 삶에서 차지하는 중요한 의미와 가치가 망각되고 수학적 존재론 혹은 과학적 존재론이 지배했던 것이다. 생활세계의 경험이나 예술의 경험은 특정한 역사와 전통 속에서 지속되는 특징이 있으며, 이는 현재가 언제나 과거 및 미래와의 연속성 가운데 있다는 것을 의미한다. 근대적 의미에서의 경험은 원자적 감각의 사실들을 단순히 종합한 것이다. 반면에 인간의 구체적인 생활세계 경험은 대상과 이를 체험하는 주체의 이원성을 허락하지 않는다.

역사학에서도 자연과학의 모델에 따라 과거의 '역사적인 것' 가운데 고증(증명)이 가능한 사실만 연구하여 사실 그 자체에 접근하려는 시도가 있었다. 하지만 인간은 근대의 자연과학적 세계관이 전제하는 것과 달리 개인의 주관성에서 완전히 자유로울 수 없다. 과연 우리는 과거의 '사실 그 자체'에 접근할 수 있을까? 자연과학을 비롯하여 모든 학문은 제각각 고유의 학문적 관심과 관점에서 물음을 제기하고 답을 찾는다. 이 과정에서 연구자 개인은 자신이 살고 있는 시대적 문제의식이라는 환경에서 완전히 벗어날 수 없다.

과거의 사실에 객관적으로 접근할 수 있다고 보았던 역사학자들은 과거의 저자와 현재의 독자 사이에 인간적 공통성이 있기 때문에 서로 간의 이해가 가능하다고 보고, 이런 차원에서 현재의 선입견을 떠나 과거로의 시간 여행을 감행했다. 하지만 이러한 시간 여행은 불가능하다. 이미 우리는 특정한 시대의 역사적·문화적 영향의 한가운데에 있으며 이 영향을 벗어나 '객관적'으로 과거에 접근할 수 없기 때문이다. 다시 말해 현재의 선입견을 떠나 과거로 되돌아가 역사를 고찰할 수 없다는 것이다.

과거로 돌아간다는 것은 우선 현재의 나의 입장을 명확하게 하는 것에서부터 시작된다. 예컨대 톨스토이의 소설『전쟁과 평화』를 읽는다고 치자. 우리는 톨스토이라는 작가의 이름을 들어서 알고 있고, 그의 다른 저작을 읽은 상태에서 그 작품을 접할 수도 있다. 이때 우리는 어떤 식으로든 선입견을 가지고 톨스토이의 작품에 접근할 수밖에 없다. 엄밀하게 말하면 객관적 해석이란 현재의 특정한 방법론에 의해서 확정될 성격의 것이 아니라 지속적인 해석을 통해 의미망이 열리는 가운데 미래의 어느 한 시점에 도달되어야 할 지향점이다.

『상징 형식의 철학』에서 에른스트 카시러Ernst Cassirer(1874~1945)는 객관성을 중시하는 자연과학적 인식론을 지양하고 인간의 언어적 활동, 신화적 사고, 그리고 과학적 인식까지도 상징의 다양한 기능이 구체적으로 전개되는 것으로 이해되어야 한다고 주장했다. 그렇기 때문에 카시러의 상징 이해에서는 역사적으로 다르게 펼쳐지는 상징적 표현의 차이만 존재할 뿐, 그 상징적 표현 사이에 객관성의 문제나 우열이 있을 수 없다. 카시러는 인간을, 상징을 만들어내는 동물로 이해한다. 인간이 언어를 가지고 살아간다는 사실 자체가 상징적으로 세계를 해석하며 살아가는 존재임을 말한다고 주장하면서 그는 상징 형식이

시대와 문화마다 다르게 나타났음을 역사적으로 규명하고자
했다.

카시러의 철학은 정신과학, 곧 언어학, 민속학, 문학, 심리
학 등과 자연과학인 물리학과 수학 등을 망라한다. 여기서 이전
의 인식론 중심의 비판 대신에 문화적으로 상대화될 수 있는 상
징적인 의미가 전면에 부각된다. 이것은 객관적 타당성에 근거
를 둔 의미론에서 문화마다 다르게 나타나는 문화적 상대성에
근거를 둔 의미론으로의 변모를 의미한다. 그렇다면 신칸트학
파의 전통에서 사유하던 카시러가 이렇듯 새로운 관점으로 변
모하게 된 결정적인 계기는 무엇일까? 한 강연에서 밝혔듯이,
아마도 바르부르크 도서관을 관찰하면서 완전히 새로운 방식
의 도서 진열 방식에 강한 인상을 받아 이러한 통찰에 이르렀는
지도 모른다.

> 이곳에서는 예술사, 종교사, 신화사, 언어사, 문화사가 공
> 공연히 나란히 꽂혀 있을 뿐만 아니라 서로 겹쳐 공통의 이
> 념적 중심점과 관련되어 꽂혀 있었던 것이다.[1]

이러한 개인적인 경험 외에도 카시러의 독자적인 문화철
학의 배경으로서 당시 신칸트학파와 나란히 영향을 미치던 서
남학파의 입장을 살펴볼 필요가 있다. 빌헬름 빈델반트Wilhelm

Windelband(1848~1915)와 하인리히 리케르트Heinrich Rickert(1863~
1936)가 그 대표 주자인데, 빈델반트는 자연과학과 정신과학을
완전히 다른 규정에 따르는 학문으로 분류하고자 했다. 자연과
학은 보편적인 법칙에 따라 설명될 수 있지만, 정신과학, 특히
역사학은 그와 다른 차원에서 설명되어야 한다는 것이었다. 빌
헬름 딜타이Wilhelm Dilthey(1833~1911)는 이를 설명과 이해의 대
립 구도를 통해 설명하려 했는데, 자연과학과 역사학은 서로 다
른 논리에 의해서 접근되어야 한다고 보았다.

　카시러는 서남학파의 입장을 대변한다고 할 수 있다. 즉 신
칸트학파처럼 자연과학적 인식론에 근거를 두고 여타 다른 학
문의 가능성을 검토하는 것이 아니라 아예 전혀 다른 지평, 곧
서로 질적으로 다른 문화적 지평 위에서 독자적으로 이해되어
야 한다고 본 것이다. 데카르트가 시도했던 것처럼 수학에 기초
하여 모든 학문을 통합하려 하거나 자연과학적 인식론에 입각
하여 모든 학문이 통합되어야 한다고 주장하는 신칸트학파의
입장과 달리 여러 학문을 서로 다른 문화의 논리로 파악해야 한
다는 것이 이들의 기본 입장이다. 하지만 서남학파가 문화철학
을 역사철학으로 밀어 넣었다고 한다면, 카시러는 그보다 더 넓
은 차원에서 문화철학을 이해하고 확장했다. 『인간이란 무엇인
가』에서 그가 역사철학 이외에도 신화, 종교, 과학, 예술 등을 상
징 형식으로 파악한 것은 바로 이 점을 잘 보여주고 있다.

카시러는 신칸트학파의 거장 헤르만 코엔Hermann Cohen (1842~1918)의 제자였지만 코엔과 다른 관점에서 자신만의 독창적인 철학을 기획했다. 크게 보면 카시러의 이러한 입장 변화는 초기 비트겐슈타인에서 후기 비트겐슈타인으로의 입장 변화와 유사한 모습을 보여준다. 카시러는 이성에서 상징이라는 개념으로 이행하면서 단지 수학적·도구적 이성만이 유일한 의미를 갖는 것이 아니라 그것 또한 무수히 많은 의미의 영역 중 하나임을 인식하면서 문화철학 쪽으로 방향을 확대해나갔다. 인식론적으로 보면 카시러의 입장은 인간과 세계 사이에 언어를 매개로 상징의 의미를 강조함으로써 문화적 상대주의 입장으로 나아간 것이다.

카시러에게 상징이란 자연을 구성하는 인간의 원초적 능력이며, 칸트가 제1비판서(『순수이성비판』) 1판에서 강조했던 상상력과 그 궤를 같이한다. 상징을 통한 상상력을 바탕으로 인간은 고대에서 현재에 이르기까지 다양한 문화를 만들어왔다. 특정한 시대에 특정한 상징 형식이 더 우위를 점유해왔을 뿐, 그 상징의 가치에 우열은 존재하지 않는다. 이러한 관점에서 보면 인류 역사의 진보나 발전은 그다지 큰 의미를 갖지 않는다. 어떤 상징을 우위에 두느냐에 따라 그 기준점이 달라지기 때문이다.

서양의 근대인들은 자신들의 시대가 역사적으로 가장 진보했으며, 역사가 완성되어가는 단계에 있다는 낙관론에 빠져 있었다. 하지만 이 진보는 프랑크푸르트학파의 주장처럼 이성의 신화 가운데서 파악된 진보일 뿐이었다. 이성을 통해 중세의 어둠의 터널을 빠져나왔지만 이제 이성만이 유일한 기준이 되어 고대인이 신화와 종교에서 유일한 답을 얻었다고 생각하는 것과 똑같은 독단에 빠져버린 것이다. 이러한 점에서 카시러의 사유는 서구의 근대를 중심으로 놓고 보지 않는 새로운 시선을 우리에게 던져준다.

만약 우리가 오늘날 도서관의 책을 다시 배열한다면 기존의 자연과학, 인문과학, 사회과학 등으로 구분하는 방식이 아니라 카시러의 책 제목 '인간이란 무엇인가'처럼 도서관의 정중앙에 인간의 이해를 돕는 여러 책을 배열하고, 그 주변에 원형으로 여러 학문 분과의 책을 배열할 수 있을 것이다. 이러한 책 배열은 자연과학 중심의 학문적 위계를 넘어, 또는 서양의 근대를 중심으로 세계를 파악하는 관점을 넘어 인간의 상징 활동이라는 차원에서 인간의 학문적 성취를 파악할 수 있게 할 것이다. 그와 더불어 서양과 나머지 세계라고 하는 서양 중심의 세계관에서 벗어나 인간의 눈으로 문명을 바라보는 지평을 열어줄 것이다.

21

과학만능주의의 위험성

과학기술이 윤리학의 대상이 되어야 하는 이유

○

서양 근대 과학의 핵심은 세상에 대한 양적인 파악이다. 양적인 파악은 수數로 대상을 재단한다는 의미이다. 하지만 세상을 파악하는 방식은 다양하다. 같은 사과를 보고도 사과 색깔의 아름다움을 느껴서 그림을 그리고 싶은 사람이 있는가 하면, 애플사의 로고를 연상하다가 최초로 컴퓨터를 만든 앨런 튜링Alan Turing(1912~1954)을 떠올릴 수도 있다. 또 아담의 사과를 생각하며 기독교의 원죄를 떠올릴 수 있고, 뉴턴의 사과를 떠올릴 수도 있다. 사실 우리는 근대 이후 현재까지 '객관적 세계'에서 살아가지만, 이러한 세계 속에서 살기 이전에 한 사람, 한 사람 각자가 자기만의 세계를 만들며 살아왔다. 하나의 사람이 하나의 세계를 구축하며 살아가고 있는 것이다. 언어를 매개로 다른 사람과 공통의 세계를 공유하며 살아간 다고 생각할 수 있지만, 우리는 각자의 경험과 기억에 따라 같은 대상을 보고도 다른 느낌을 받고 다른 평가를 내리며 매 순간 살아가고 있다. 자연에 대한 양적인 파악은 감각기관보다 인간만이 가지고 있는 '이성적인 능력'을 통해서만 가능한데, 이렇게 수량화되어 구획된 세계는 비이성적이게도 인간을 숫자 세계의 노예로 만들고 있다.

서양의 근대 과학은 수학에 의한 정량화와 이를 통한 증명 방식으로 자연을 지배하여 과학기술을 발전시켰고, 계몽사상은 인간 이성의 자율성에 낙관적인 희망을 품고는 새로운 정치 체계를 만들고 인권을 발명해서 인간 사회를 새롭게 발전시켰다. 경제 분야에서도 이러한 문화는 서양 외의 다른 국가보다 앞서서 자본주의적 체계를 발전시켰다. 애덤 스미스가 시도한 것은 새로운 '경제학'이 아니라 새로운 시대의 경제에 대한 '철학적 설명'이었다. 분업에 대한 이야기는 사실 마르크스 등이 비판하는 것처럼 착취의 문제와 연결된 것은 아니었다. 스미스는 금金이 아니라 노동생산성, 곧 한 국가의 구성원 중 얼마나 많은 사람이 일을 하며 돈을 벌 수 있는가가 국부國富의 관건이라고 생각했으며, 분업이 가장 효율적인 방법이라고 주장했다. 자본주의의 맹점은 빈부의 계층분화에 있다고 할 수 있는데, 이러한 문제를 해결하기 위해 노동자를 대규모로 고용하여 분업화하는 것이 국가 전체의 부를 증진시키는 데 기여한다고 본 것이다.

칼 마르크스Karl Heinrich Marx(1818~1883)와 프리드리히 엥겔스Friedrich Engels(1820~1895)의 자본주의 비판도 자본주의 경제체제가 가져오는 빈부 격차의 문제를 해결하려는 시도에서 나왔다. 스미스와 마르크스 모두 근본적으로는 어떻게 하면 한 국가 안에서 더 많은 사람이 경제활동을 하고 생산성을 높일 수 있을지를 고민했다. 하지만 마르크스와 엥겔스의 사유 실험을 구체화하기 위해서 동유럽의 여러 나라가 실험한 결과 비효율과 비능률이 많은 것으로 판명되어 결국 애덤 스미스의 철학이 더 높이 재평가받고 있는 상황이다. 물론 공산주의의 몰락과 관련해서는 또 다른 관점에서 비판적 논의가 필요하다.

국가적 차원의 대규모 교역이야말로 서로가 공존할 수 있는 유일한 전략인 듯 각국은 서둘러 자유무역협정을 맺고 있다. 그렇다면 신자유주의적 해결만이 유일한 대안일까? 모든 것을 시장원리에 위임하고 국가 간의 장벽을 허물어 자본의 논리와 법칙에 따라 이익을 극대화하는 것이 전체적인 부를 가져다줄 수 있을까?

우리가 이 지점에서 물어보아야 할 질문이 하나 있다. 현대 사회에서 삶의 질, 즉 행복지수와 관련된 물음이다. 흥미롭게도 자유무역을 통해서 수출을 확대하여 부를 늘리고, 그 결과 국민소득이 높아진 나라일수록 그 사회에 속한 사람들의 삶의 질적인 행복지수가 소득에 비례하여 높아지지 않는다는 점에 주목할 필요가 있다. 이 역설을 어떻게 설명해야 할까?

근대의 이성적 사유는 과학을 통한 자연의 지배, 개인의 자율성과 인권의 확보, 의학에서의 질병 퇴치, 경제에서의 빈곤 극복이라는 항구적인 인류의 과제에 대하여 체계적인 해결책을 제시했다. 이러한 해결책은 여전히 지속적으로 세계 곳곳에서 그 위력을 발휘하고 있다. 그리고 이러한 해법이 필요한 곳이 아직도 많다. 하지만 이러한 근대의 해법은 그 자체가 가지고 있는 긍정적 측면에도 불구하고 또 다른 딜레마를 다음 세대에 던져주고 있다. 이제 점차 근대 문명의 방법으로는 극복할 수 없는 새로운 과제가 인류에게 주어진 것이다.

앞에서 여러 차례 언급했듯이, 인간이 직면한 문제에 대한 근대적 해법의 요체는 이성을 통한 통제력이었다고 할 수 있다. 그러나 이제 좁은 이성의 틀에서는 더 이상 해결할 수 없는 문명의 위기가 도래했다. 그 위기는 지나친 인간 중심주의와 그에 따른 주변 환경에 대한 무시, 새로운 형태의 제국주의 등장과 약소국 지배, 점차 벌어져가는 세계적인 빈부 격차, 지나친 학문 분과의 세분화에 따른 종합적 사유의 결여 등으로 구체화되어 나타나고 있다.

근대의 과학기술 발전 이후 인간은 모든 자연을 종속적인 위치에 놓고 서열화함으로써 스스로 지구의 중심에 서게 되었고, 인간적인 것이 아닌 모든 것에 대한 정복을 정당화해왔다. '인간이 만물의 척도'라고 하는 프로타고라스와 르네상스의 휴머니즘 전통은 이제 새롭게 조망되어야 한다. 자연과 더불어, 주변 생명체와 더불어 조화롭게 살기 위해서 이제 인간이 지구의 주인이 아니라 모든 생명체가 지구의 주인이라는 사유의 전환이 요구된다. 천동설에서 지동설로의 변화만큼이나 생명의 관점에서 지구를 바라보고 인간을 바라보는 총체적인 시선의 변화가 요구된다.

근대화의 유산이던 제국주의와 식민주의가 이제는 존재하지 않는다고 생각할 수 있으나 아직도 여전히 다른 나라의 시장에 자본을 투입하여 증식시키는 형식으로 근대의 방식과는 또 다른 타문화와 타민족에 대한 지배가 행해지고 있다. 이른바 세계화라는 기치 아래 하나로 통합되어가는 현대의 세계 질서는 자본주의의 팽창과 외연의 확대 과정에 다름 아닌 것이다. 문화 또한 이제 더 이상 각 나라의 문화적 독자성을 말하기 어려울 정도로 획일화되어 서구 자본주의 문화의 맥락에 흡수되어가고 있다.

이러한 경제적·문화적 지배는 군사력으로 타민족을 식민지화한 근대의 방식과 차이가 있다. 그리고 이러한 변화와 나란히 근대의 제국주의적 발상에 따른 식민지 지배의 형태도 여전히 존재한다. 이슬람 문화권의 내전에 끼어들어 그 나라를 지배하고 서구적인 질서에 편입시키려 하는 시도 또한 이른바 강대국들에 의해 행해지고 있다.

자본주의는 그 자체의 한계를 곳곳에서 보여주고 있기 때문에 '분업'과 '보이지 않는 손'에 의존하는 경제 질서로 세계 전체를 통합하는 것은 더 큰 갈등과 혼란을 가져올 수 있다. 따라서 다양한 경제 모델이 시도되고 기존의 경제 패러다임으로는 더 이상 설명할 수 없는 새로운 경제적 대안을 지속적으로 모색할 필요가 있다.

이 지점에서 두 가지의 길을 생각해볼 수 있는데, 서구의 근대화 모델의 한계점을 극복할 수 있는 대안의 하나로 각 나라의 지역과 문화적 전통에서 발전시켜왔던 경제적 구조를 새롭게 검토하는 것이다. 다른 하나는 절충형으로, 서양의 근대에 대하여 비서구권의 지식인들이 반응했던 관점을 보다 적극적으로 개발·적용하는 것이다. 잘 산다는 것의 가치에 대한 근본적인 질문과 함께 중상주의가 아닌 노자적 이상향인 소규모 농촌적 삶의 가치, 그리고 대규모 생산이 아닌 소규모 생산과 소비도 진지하게 생각해보아야 한다. 빈부 격차를 줄여 모두가 더불어 사는 사회로 진입하기 위해서는 단지 기부나 구제가 아니라 기술 이전과 사회구조 개선 등과 연관한 포괄적이고 전폭적인 지원이 이루어져야 한다.

현대의 지성들은 좁은 근대적 이성의 테두리에서 벗어나

보다 종합적으로 사유하는 습관을 기를 필요가 있다. 서양의 근대에서 선명하게 부각되었던 이성은 인간의 다양한 사유의 영역을 지극히 좁은 수학적 이성의 개념으로 국한시켰다. 이성을 뜻하는 라틴어 'ratio'의 어원은 수적으로 계산한다는 뜻이다. 인간의 이성적 활동은 일찍이 아리스토텔레스가『니코마코스 윤리학』에서 간파하고 있듯이, 다양한 측면을 가진다. 어떤 것을 만들 수 있는 제작적 이성techne이 있는가 하면, 어떤 보편적인 것을 추구하는 이성episteme이 있고, 윤리적 실천의 측면에서 실천적 이성phronesis도 있다. 그런데 이성의 보편성을 단지 수학적 측면에서만 발견하고, 그러한 관점을 삶의 모든 분야에 적용하려 하고, 그에 입각해서 문명을 구획한 역사가 바로 서양의 근대 이후 문명의 역사라고 할 수 있다. 이제 통합적 이성이 발현되어 신화와 철학, 철학과 과학이 만나고 예술과 종교 등이 어우러질 수 있는 종합적 학문이 수립되어야 한다. 근대 이후 지금까지 서로 갈라지고 세분화되었던 학문 분과가 다시 통합되어야 한다.

근대의 유산으로 발전한 현대 과학은 눈부신 과학기술을 성취했지만, 오늘날 그것은 윤리학의 대상이 되었다. 여기서 잠시『책임의 원칙』의 저자 한스 요나스Hans Jonas(1903~1993)의 생각을 들어보자. 그는 현대 기술이 왜 윤리학의 대상이 될 수밖에 없는가에 대해 고찰하면서 그 이유를 다섯 가지로 들고 있다.[1]

그의 문제 제기를 요약하면, 그 첫 번째는 근본적으로 기술이나 과학을 발전시키는 자연과학자들이 흔히 전제하고 출발하는 가치중립성에 대한 이의 제기이다. 사실 가치중립성 문제는 논의의 여지가 많다. 인간의 행위가 정말 가치로부터 벗어난 중립적인 행위일 수 있는가, 아니면 가치중립적일 수 없는가 하는 문제는 과학철학자들의 오랜 관심사 중 하나였다. 그런데 요나스는 기술을 인간의 권력 행사라고 정의하고, 자연에 행사하는 인간의 행위를 힘의 행사로 규정한다. 그러면서 권력 행사로서의 기술은 그 자체로 중립적이라는 점을 인정한다.

그러나 요나스는 이 기술이 인간과 자연에 긍정적일 수도, 부정적일 수도 있음을 언급하면서 그 결과의 모호성 때문에 기술에 대한 윤리적 논의가 필연적이라고 주장한다. 이것이 두 번째의 이의 제기이다. 똑같은 칼이 살인에 쓰일 수도 있고 훌륭한 요리에 쓰일 수도 있는데, 그 칼은 한껏 긍정적으로 쓰일 때조차도 문제가 될 수 있음을 요나스는 말하고 있다. 기술에 대한 윤리적 책임의 문제가 단순히 부정적인 적용이나 사용 때문에만 생긴다고 요나스는 보지 않는다. 즉 기술이 긍정적으로 사용될 때조차도 그것이 장기간 사용되어 힘을 행사하는 경우에는 문제가 될 수 있다고 본 것이다. 그리고 기술은 일단 이렇게 적용되고 나면 지속적인 강제성을 갖는 특징이 있다고 지적한다. 한번 긍정적인 영향을 가져오면 사람들은 그 기술을 지속적으로 사용하고 적용하려 하는데, 그렇기 때문에 이러한 지속적 적용에 문제점은 없는지 윤리학적 시선에서 고려해야 된다고 요나스는 말하고 있다.

세 번째로, 기술은 단지 특정한 지역이나 영역에서 자신의 힘을 행사하는 것이 아니라 지구적 규모의 차원에서 그 영향력을 확대하고 있기 때문에 더욱더 윤리적 사유를 필요로 한다고 말한다. 단지 특정한 지역의 문제라면 인류 전체가 그 윤리적 문제에 대해 심각한 논의를 하지 않아도 되지만 특정한 기술이 모든 인류를 멸망시킬 수도 있다는 사실 앞에서 우리는 윤리적 사유를 진행시키지 않을 수 없는 당위 앞에 서게 된다는 것이다. 요나스는 기술의 책임과 윤리의 문제는 이처럼 거대화한 권력이 커질수록 그에 비례해서 그 심각성이 더 커진다고 우려한다. 기술의 권력 행사는 또한 인간을 중심으로 하는 윤리적 관점의 틀에서 벗어난다고 요나스는 보았다. 그러므로 이웃을 사랑하라는 식의 과거의 윤리적 가치나 인간 중심적 윤리는 기술 권력의 시대에 더 이상 적용되지 않으며, 그렇기 때문에 현대 기술은 윤리학의 대상이 되어야 한다는 것이 그의 주장이다. 그리고 요나스는 마지막으로 인류는 과연 존재해야 하는 것인가, 아니면 그렇지 않은가 하는 근원적인 질문을 하지 않으면 안 된다고 촉구한다. 만약 인류의 생존이 모두에게 전제되어야 할 정언명령이라면 모든 인류를 파괴할지도 모르는 기술 권력을 절대로 허용해서는 안 된다고 그는 말하고 있다.

요나스는 또한 나날이 발전해가고 있는 생명공학 기술의 문제에 직면해서 새롭게 윤리적 사유를 해야 할 필요성을 제기한다. 그는 특정 종의 유전자에 담겨 있는 구성 계획을 해독하고, 이에 대한 직접적인 간섭을 통해 새로운 생명체를 계획적으로 만들어내는 생명공학 기술이 인간의 오만임을 지적한다. 생명공학이 문제가 되는 이유는 아직 새로운 종의 탄생과 더불어 발생할 부수적인 결과에 대하여 전혀 아는 바가 없기 때문이다. 당뇨병이나 기타 유전적 결함 때문에 생기는 문제를 해결하기 위해 특정한 박테리아를 생산해내어 이를 주입하거나 이식함으로써 보다 건강한 생명체를 만들어가야 한다는 요구는 인정하지 않을 수 없으나 이러한 유전자 조작의 결과가 어떤 결과를 가져올지는 아무도 알 수 없다는 것이다. 과연 생명의 뿌리까지 건드려가면서 기술의 가능성을 시험하는 것이 정당한가 하는 물음을 요나스는 제기한다.

현대 생명공학의 발전대로라면 언젠가 생명체는 우연의 산물이 아니라 필연의 산물이 될 것임에 틀림없다. 하지만 생명이란 우연 현상의 놀라움이며 감탄이어야 하지 않겠는가 하고 요나스는 묻는다. 기계와 관련된 다른 기술들은 가역적이지만, 생명과학 기술에서 발생하는 오류의 경우는 비가역적이다. 이 되돌릴 수 없다는 점 때문에 문제의 심각성이 커진다. 요나스는 이제 인간이 좀 더 겸손해져야 하며, 초보자의 자세로 배우고자 하고, 자연에 대하여 대가인 척해서는 안 된다고 말한다. 그의 표현을 빌리면 '신과 거룩함 앞에서 느끼는 불안은 없을지라도 우리는 공포와 전율을 다시 배우지 않으면 안 된다'. 요나스의 입장은 다음과 같이 요약할 수 있다.

인간적 상황은 개선을 지속적으로 요구하고 있다. 개선을 돕자. 약자를 보호하고, 고통을 줄이고, 질병을 치료하자. 그러나 인간 현존재의 뿌리에서, 그의 비밀스러움의 본거 지에서 창조자가 되려 하지는 말자.[2]

22

시계에 종속되는 인간의 시간

생활세계가 식민지로 전락한 현대

중국 양나라의 혜왕惠王이 맹자를 만났을 때 맹자가 한 말은 그 시대를 넘어 오늘날에도 큰 울림이 있다. 양나라 혜왕은 어떻게 하면 나라를 부강하게 하고 강한 군대를 가질 수 있을지를 물었다. 이른바 부국강병에 대한 물음이다. 이 물음에서 읽을 수 있는 양나라 혜왕의 관심은 그 개인의 관심이면서, 어쩌면 어느 시대에나 거의 모든 사람이 가질 법한 관심이라고도 할 수 있다. 개인이나 단체나 기업이나 국가나 모두 이 물음을 던지며 살아간다. 이러한 물음은 지극히 당연하고, 이 물음에 이의를 제기하는 것 자체가 '이단'이나 '바보'로 취급받을 정도이다. 그런데 그 바보 같은 이단자인 맹자의 유명한 대답은 '왜 하고많은 관심 중에 하필이면 이익을 말하느냐

[何必日利]'는 것이었다.

맹자의 응답이 오늘날에도 황당할 수밖에 없는 것은 그만큼 오늘날의 사회에서도 여전히 이익 추구를 당연하게 여기고 있기 때문이다. 지금 당장이라도 누군가에게 '왜 이익을 추구합니까?'라고 물으면 당연한 것을 왜 묻느냐고 할 것이다. 이렇게 당연한 물음을 왜 하느냐고 묻는 상황 그 자체가 우리의 삶이 이익의 노예, 돈의 노예가 되었다는 사실을 반증한다. 사람들의 모든 관계도 이익의 관점으로 환원되고, 이익이 아니면 그 어떤 생각도 할 수 없는 이 시대는 한마디로 인간 삶의 세계가 돈에 의해 식민화된 시대이다.

'생활세계의 식민화'는 하버마스가 한 말인데, 그가 이 말을 사용하는 맥락은 물론 막스 베버Max Weber(1864~1920)의 근대에 대한 일면적인 시각을 수정하기 위해서이다. 독일의 사회학자 막스 베버는 근대를 비마술화·합리화의 과정으로 이해했다. 이렇게 합리화의 한 측면만 보고 있었기에 그는 합리화의 이면, 즉 합리화를 통해 새롭게 벌어지는 생활세계의 식민화 과정은 보지 못했다. 근대주의자들은 자주 근대에서 합리적 개인의 탄생, 합리적 사회의 탄생, 사회계약에 의한 약속의 탄생이 가져온 탈脫중세적 측면만 보았을 뿐, 그러한 탈중세적 방향이 초래한 합리화의 지배를 보지 못했던 것이다. 즉 무지와 맹신에서 해방되는 역할을 했던 이성의 사용을 극찬할 줄만 알았지, 그 이성이

다시 중세적 신앙의 권위를 대신하고 있는 과정을 보지 못했다. 중세적 신앙의 맹목성이 이성에 대한 맹목성으로 빠져버린 사실을 간과한 것이다. 인간적인 삶의 토대인 생활세계는 근대화와 더불어 사라지고 이른바 합리적 가치 아래 배제되었다. 맹자의 시대도 마찬가지였다. 양나라 혜왕이 맹자를 만났을 때는 전쟁이 빈번하게 발생하는 전국시대戰國時代였다. 개인이나 국가나 살기 위한 이익에 따라서만 생각하고 행동할 따름이었다.

생활세계의 식민화란 달리 말하면 시간이 시계에 종속되는 삶이라고 표현될 수 있다. 시간과 시계는 언제 어디서나 우리가 '소유하고 있다'고 생각하는데, 실상 시간과 시계가 같은 것은 아니다. 우리는 일상 속에서 시간과 시계가 동일한 것으로 이해하고, 미하엘 엔데Michael Ende(1929~1995)의 소설 『모모』에 나오는 사람들처럼 시간을 마치 '저축'하고 '소유'할 수 있는 것처럼 생각한다. 유럽 사람이 아프리카에 가면 그들은 아프리카 사람들의 태평한 태도 혹은 게으른 태도를 불편해한다. 계획성도 없고, 시간개념도 없고, 매일을 동일하게 반복하며 살아가는 개인들만 존재한다고 생각한다. 하지만 반대로 생각해보면, 아프리카 사람들과 달리 유럽인들은 시계를 발명하고 시간의 범주에 맞추어 자신의 삶을 저당잡힌 채 살아간다. 하루를 시·분·초로 나누어, 이에 따라 정교하게 살아가는 삶이란 본래 자신의 것이어야 할 시간을 시계로 전환하여 자신이 아닌 기계의 역학에 따라 자신을 희생시키는 삶이 아닐까?

수학이 자연이라는 인간 밖에 있는 대상을 그대로 모사한 다는 생각은 피타고라스와 플라톤 이래 유클리드를 거쳐 갈릴 레이에 이르기까지 지속된 서양의 줄기찬 신념이었다. 이 입장 은 그 본질상 신비주의와 닮아 있다. 세상을 있는 그대로 보기보 다는 뭔가 감추어진 비밀이 있는 양 생각하는 신비주의자처럼 플라톤주의자들은 수학의 암호로 된 세상의 신비를 파헤쳐보 고자 했고, 마침내 근대 갈릴레이의 신앙 고백에서 절정에 도달 했다. 컴퍼스와 자를 가지고 세상을 만든 신을 고백하면서 신비 주의는 정점에 이르렀는데, 역설적이게도 이때부터 신비주의 는 과학이라는 이름으로 바뀌면서 진정한 앎의 척도가 되었다. 신비주의가 과학이 된 것이다. 이 점에서 보면 신비주의와 서양 근대 과학의 차이는 그 세계관에서 종이 한 장도 안 된다.

숫자로 세상을 보다 정밀하게 파악할 수 있다는 생각만 인 정하는 것이 아니라 수 자체가 곧 자연이라고 생각했기에 자연 에 포함된 수의 암호를 풀기 위한 학문이 필요했고, 수학은 마침 내 세상을 지배하는 논리가 되었다. 실제로 인간은 여러 가지의 기호나 언어를 통해 자연을 구획하며 황무지를 개간하고 인간 의 필요에 맞게 사용해왔으니 수로 세상을 파악한다는 것은 기 본적으로 자연을 지배한다는 것과 무관하지 않다. 자연을 정량 화함으로써 인간의 자연으로 만들었고, 자연이 인간의 것이 되면서 문명과 문화가 등장하게 되었다. 오늘날 우리는 문명을 도시화에서 찾고 있는데, 그 토대에는 인간이 발명한 언어와 수학이 있다. 자연을 그대로 내버려두지 못하는 인간의 마음이 자연을 재단한 것이다.

자연이 측량됨과 동시에 그것은 있는 그대로의 '스스로 있음'에서 벗어나, 대상이 되고 소유물이 되기 시작했다. 소유는 곧 교역의 토대를 이루었고, 이 교역은 사람들로 하여금 주위의 세상에 있는 사물을 있는 그대로의 존재 의미와 사용가치로 보기보다는 얼마만큼 교환가치가 있느냐를 계산하게 만들었다. 피타고라스와 플라톤의 영향력은 단지 신비한 자연의 암호로서의 수학에 대한 이해에만 있는 것이 아니다. 그들은 인간의 모든 이성적 활동을 '계산하는 이성'으로 환원시켜놓고, 이러한 이성만이 자연의 암호를 파헤칠 수 있는 이성이며, 이러한 이성을 가진 사람만이 아카데메이아Akadēmeia(플라톤이 세운 학당)에 들어올 수 있다고 말했다(입구에 '기하학을 모르는 자, 이 문을 들어서지 말라'고 쓰여 있었다고 한다). 이러한 태도가 이성을 가진 사람만이 다른 동물과 구별되는 인간의 반열에 오를 수 있다는 믿음을 낳았다.

계산하는 이성의 활동만이 인간의 활동이 되는 순간, 이러한 이성에 부합하지 않는 활동은 모두 짐승의 활동이 된다. 그림을 그리거나 별을 바라보며 은유를 사용하여 상상하는 행위는 모두 의미 없는 것이 되었다. 인간의 도덕도 그것이 수학적 이성에 기초한 정언명령으로 정식화되지 않으면 언제나 틀릴 수 있는 상대적인 가치에 불과했다. 윤리학·미학·형이상학에 관련된 책은 구태여 도서관에 있을 필요가 없는 책의 목록에 해당하는 것이었다. 수에 관한 것이거나 사실에 관한 것만 인간이 연구할 가치가 있는 것이었다. 서양의 근대는 이렇게 '수학의 형이상학 시대'를 만들어냈고, 이러한 세계관을 뒷받침하는 이데올로그들을 긍정적으로 평가하며 이성의 신전 위에 그들의 이름을 아로새겼다.

현대인들은 모두 『모모』에 등장하는 사람들처럼 회색 신사에게 시간을 저당잡힌 채 바쁘게 살아가고 있다. 하루가 24시간으로 쪼개져 있는 시계의 시·분·초 단위로 일과 작업을 공간적으로 분절하고 그에 따라 값을 매기는 시급(월급, 연봉)의 시대를 살아간다. 아프리카 사람들은 시간을 수적으로 공간화하는 시계는 없지만, 자신만의 여유로운 시간을 누리며 살아간다. 즉 그들은 시계는 없지만 시간이 있는 삶을 살아간다. 반면 유럽인들을 비롯해 자본주의 체제에서 살아가는 사람들은 첨단의 시계와 시간을 재는 장비를 지니고, 그 기계가 지시하는 시간의 지침에 따라 자신만의 시간이 없는 삶을 바쁘게 살아가고 있다.

23

돈의 노예에서
벗어나려면

얼마나 더 가져야 충분한가

'수학의 형이상학 시대'는 이미 '돈의 형이상학'을 자체 안에 간직하고 있었다. 자연을 수로 정교하게 계산한다는 것은 자연을 인간의 것으로 정교하게 재단한다는 것을 의미했고, 이것은 곧 교환가치에 따라 자연이 해체되는 것을 의미했다. 점차 수학이 자연과 인간 사이에 있는 것이 아니라 돈이 자연과 인간 사이에 개입하게 된 것이다. 자본주의 시대에는 돈의 양, 곧 돈으로 살 수 있음과 없음의 이분법적 가치에 따라 모든 것이 결정되기에 이르렀다. 인간에 의한 자연의 구획은 교역의 기준이 되었고, 이 교역은 마침내 인간 자체를 사물과 똑같이 값을 매기는 방식으로 이어졌다. 사람들은 주변 사물의 가치를 돈으로 환산할 뿐만 아니라 이것을 살 수 있는 사람의 능력마

저도 가진 돈의 양에 따라 계산하기 시작했다.

우리의 몸에도 가격이 있다. 월급과 연봉이 우리의 몸이 지닌 가치이다. 몸의 가격은 수요와 공급의 원칙에 따라 결정된다. 많은 사람이 원하는 직종에서 일하면 몸값이 오르지만 반대로 많은 사람이 원하지 않는 일에 종사하면 몸값이 낮아진다. 인간은 수로 매겨진 숫자 세상의 노예가 된다. 근무시간과 식사 시간, 여가까지도 모두 시간으로 분절되어 정해진 공식에 따라 값이 매겨진다. 그런데 잘 생각해보면 시간과 공간은 나누어질 수 없는 것이다. 아니, 시간과 공간이란 존재하지 않는 것이다. 인간이 시간과 공간을 절대적으로 존재하고 있는 것처럼 생각하고 그것을 분절하여 마치 언제나 있는 것처럼 착각하는 것일 뿐이다.

우리가 경험하는 시간과 공간은 결코 절대적으로 균질적인 시공간이 아니다. 제논Zenon of Elea(기원전 490?~기원전 430?)의 역설에 나오는 아킬레우스와 거북의 경주에서 아킬레우스가 거북을 따라잡지 못하는 것은 시간의 공간화 때문이다. 시간과 공간의 분절은 인간이 경험하는 시공간이 아니다. 시간을 공간의 한 점으로 찍는 순간, 그리고 이를 숫자로 매김하는 순간 우리는 우리가 경험하는 진정한 시간과 공간에서 멀어진다. 서양의 근대는 인간이 시간과 공간에서 멀어진 역사의 한 지점이라고 해도 과언이 아니다.[1]

시간과 공간의 분절을 가능하게 했던 수학적 이성은 이제 자연을 지배하는 힘일 뿐만 아니라 정치를 만들고 경제를 만들며 사회와 문화를 만들 수 있는 기능적 주체가 된다. 그래서 이제 시간도 공간의 규칙에 따라 길게 늘어진 선분이 된다. 과거와 현재, 그리고 미래를 잇는 선분이 되어 역사가 탄생한다. 과거의 역사는 이야기이고, 이야기의 전승 과정에서 발생하는 미메시스의 연속성에서 파악되는데, 이러한 미메시스로서의 역사는 순환하고 반복하면서 재현하는 역사가 아니라 더 이상 돌아갈 수 없는 비가역적인 선線으로 이해되기 시작했다. 이렇게 역사를 선분으로 이해하는 유클리드적 상상력의 바탕에는 역시 세상을 수로 보는 신비주의자들이 있다. 이들은 수학적·기하학적 이성을 통해 세상을 바라보고 스스로 기꺼이 수의 법칙에 종속되는 노예가 되었다.

수 신비주의는 신화적 상상력이 지배하던 신비주의 전통과 구별된다. 수학적 마술의 세계는 신화적 상상력의 세계에서 공포와 신비로 여기던 것을 지배와 해독의 신비로 바꾸어놓았기 때문이다. 이제 인간은 설명할 수 없음에서 설명할 수 있음으로 나아가 성숙한 어른이 되는가 싶었다. 그러나 계몽의 변증법이라는 표현이 말해주듯, 수학적 이성은 과거 신화적 마법의 시대에는 흔들릴 수 없었던 문법을 해체하는 데 기여했지만 다시 그 자체의 비판을 허락하지 않는 신비주의로 바뀌었다. 어떤 것이

다른 것을 압도하여 우위에 있을 때, 우위에 서지 못하는 것들은 모두 종속 관계로 전락한다. 마치 한 사람의 시선이 다른 사람의 시선을 압도할 때 상대방을 지배하게 되는 것처럼, 그렇게 수학이 지배적인 설명 기준이 될 때 다른 여타의 설명은 그 힘을 잃고 자신의 가치를 상실하게 된다. 중세 철학이 신학의 노예가 된 것처럼 근대 이후의 학문은 수학의 노예로 전락했다.

수학이 주인이 되면서 망각된 것은 바로 인간의 생활세계이다. 수로 표시되기 이전의 인간의 경험이 증발되었다. 이제 사람들은 더 이상 수 혹은 수로 이어진 선분과 도형의 외부에 살지 않는다. 사람들은 특정한 집단의 선분(또는 도형) 바깥으로 밀려나지 않으려고 안간힘을 쓴다. 특별한 집단의 서클circle 밖에 외접하는 선분이 되지 않으려고 발버둥친다. 주인이냐, 노예냐의 투쟁 대열에 들어서서 주인이 되려고 한다. 여기에서 바로 주노主奴 변증법이 일어난다. 모두가 주인이 되겠다고, 선분이나 원 밖으로 내쳐지지 않겠다고 노력하여 선분 안으로, 원 안으로 들어갔다고 생각했는데 그 주인들은 모두 주인이 되었다고 생각하는 그 한복판에서 자신들이 노예로 전락한 사실을 모른다. 그들은 이제 시간의 노예, 공간의 노예가 되고 구획된 수의 질서에 편입되어 밖으로 나가면 내쳐질지도 모른다는 파문(파면)의 두려움 속에서 살아간다. 선과 원 밖에 있는 사람들은 여전히 선 안에, 원 안에 들어가려고 안간힘을 쓴다. 그리하여 실제로는 거의 모두가 노예로 전락한다.

선분 혹은 원 밖으로 내쳐지지 않으려고 '자기계발'이라는 르네상스와 계몽의 이념을 간직하며 사람들은 살아간다. 스스로 자신의 스펙을 업그레이드하여 변화하지 않으면 도태될 수밖에 없다는 사실과 앞으로 나아가지 않으면 뒤처질 수밖에 없다는 진보 신앙의 신자가 되어 우울증에 시달린다. 경제로 드러나는 생활세계의 식민화는 교육이라는 틀 속에서 지속된다. 어려서부터 진보 신앙의 세례를 받고 태어난 아이들은 자신의 미래가 언젠가 나아질 수 있다는 믿음에 이끌려 산다. 그래서 이들은 즐거운 현재를 희생하며 즐거운 미래를 꿈꾼다. 그들은 자신들이 장차 시간과 숫자의 노예가 되리라는 것을 꿈에도 생각하지 못한다. 생활세계가 숫자 세계의 노예로 전락하는 시대, 이 시대가 바로 그런 시대가 아닌가?

앞에서 언급했듯이 막스 베버는 서양의 근대화를 '합리화'로 명명했다. 다른 말로 하면 '비非마술화'이다. 마술이 지배하던 신화적 세계에서 벗어나 모든 것이 수학적 이성에 따라 합리화되는 과정을 근대화로 파악했던 그는 인간의 생활세계를 보지 못했다. 그는 사회학자답게 근대화를 사회 전체가 합리적으로 변모하는 것으로 보았을 뿐, 합리화의 이면, 곧 사회가 합리화되면서 인간의 생활세계가 어떻게 변모하는지는 보지 못했다. 기계가 등장하고, 근대적인 대도시가 늘어나고, 모든 것이

질서정연하게 필연적 법칙성에 따라 움직이고 작동하는 것이 합리화 과정의 근대화 과정이라고 보았다. 이러한 근대화 과정은 그 자체로 인간 생활의 생생한 체험이 추상화되는 과정임에도 불구하고 그는 근대화 과정을 일면적 차원에서만 파악했다.

근대화를 이렇게 파악한 것은 베버만이 아니었다. 아편전쟁을 계기로 서양 세계의 힘에 놀란 일본이 메이지유신으로 강력한 중앙집권제를 구축하여 근대화를 추진했을 때, 일본 지식인들의 생각 안에도 근대화에 대한 이러한 일면적 파악이 들어 있었다. 우리나라의 경우도 마찬가지이다. 경제개발을 근대화로 부르며 영국의 산업혁명을 뒤쫓으려 한 태도에 근대화에 대한 이러한 일면적 파악이 들어 있다. 먹고사는 일이 급하기에 우선 그 문제부터 해결하고 민주주의나 인간의 존엄과 가치·인권의 문제는 나중에 논의해도 된다는 생각으로 기간을 단축하며 경제 발전을 이루고자 했다. 한국과 일본의 근대화는 경제적 근대화를 근대화 일반으로, 일면적으로 이해한 것에서 서로 닮았다.

서양에서나 동양에서나 근대화는 사실 인간의 가치와 우리가 살아가는 세계를 망각하면서 진행되었다고 해도 지나친 말이 아니다. 서양은 합리화의 이름 아래 정치·사회·문화의 모든 질서를 재편하고자 했고, 이를 답습하려는 일본과 한국도 마찬가지였다. 이렇게 해서 망각된 것은 합리화의 그늘 아래 숨겨져

보이지 않는 '인간의 세계', 곧 생활세계이다. 이 모든 생활세계는 식민화되어 자본주의에 편입되었다. 이제 사람들은 더 이상 주변과 연관된 생활세계를 경험하며 살지 않는다. 모두가 경제 지표의 노예가 되어, 군대식으로 서열화된 세계 가운데서 살아간다. 사람들이 살아가는 세계가 직선이나 원으로 분할되고, 그것들의 가치가 돈으로 환산되어 서열이 결정된다. 고전적인 인간의 가치는 수의 가치로 재해석된다. 인간의 질적인 가치도 그 값이 얼마인가 하는 양적인 가치로 해석된다. 이제 사람들은 더 이상 생활세계 속에 살지 않는다. 기계화되고 합리적이며 경제적으로 작동되는 세계의 노예로 살아간다. 이것이 바로 생활세계의 식민화이다.

생활세계의 식민화 전략은 근대 부르주아의 이데올로기에 의해서 전수된다. '일하지 않으면 먹지도 말라', '시간은 금이다', '노력하라', '하면 된다'라는 구호가 도시 곳곳에 붙어 있다. 아무도 이 구호를 떼려 하지 않고, 스스로 그 구호에 발맞추어 일사불란하게 행진한다. 산업자본주의는 시간을 분절해서 앞으로 나아가는 것이 절약이고 곧 진보라는 이데올로기로 무장되어 있다. 헤겔의 역사철학이 그 전형적인 예라고 할 수 있다. 역사철학이라는 말을 만들어낸 볼테르의 자신감이나 헤겔의 진보 신앙은 수학적 이성에 근거한 인간의 자유와 그에 따른 새로운 인간 이해를 바탕으로 한다. 이제 인간은 이 세상의 주인이고, 중세적 신의 권위를 대신한다. 계몽주의의 이념처럼 감히 알려고 하고, 더 이상 후견인이나 신에 의지하지 않는 것이 바로 근대적 인간의 전형적인 모습이다. 인간은 이제 더 이상 의지할 곳을 찾지 않는 자율적인 주체로 파악된다. 『돈키호테』나 『로빈슨 크루소』는 이 시대를 잘 반영하는 이야기라고 할 수 있다. 이들은 주변의 시선에 아랑곳하지 않고 자기만의 결단으로 살아가는 주체들이다. 서양의 근대가 추구했던 인간의 이상은 바로 이러한 주체적 삶이었다.

그렇다면 계몽주의 전통과 과학적 합리성이 지배하기 이전에 사람들은 어떻게 살았을까? 자기 자신의 삶과 세상에 대해 어떤 생각을 했을까? 흔히 계몽주의 시대 이전 사람들의 생각과 삶은 무지와 편협으로 점철되어 있었다고 여겨진다. 고대 그리스의 아리스토텔레스는 인간에게는 다른 모든 생물종처럼 목적telos, 즉 어떤 일이 완수되거나 완성되는 상태가 있다고 보았고 그것을 좋은 삶이라고 했다. 좋은 삶은 그것이 왜 필요한지에 대한 물음을 던지는 것이 무의미해지는 삶이며, 엄밀하게 말하면 인간의 삶은 삶 자체의 완전함을 이루는 것 이상의 다른 목표가 없다. 따라서 개인 각자가 설정하는 미래의 다른 어떤 목표, 예를 들어 회사의 CEO가 되거나 개인의 성공을 이루기 위해 이 좋은 삶을 희생시킨다고 한다면 이는 바보짓에 해당하는 일이 될 것이다. 물론 아리스토텔레스가 성공이나 재화 자체가 불필요하니 '무소유 정신'으로 살아가자고 주장한 것은 아니다. 그는 좋은 삶은 일평생에 걸쳐 이루어져야 하는 것이기에 건강과 탁월한 외모, 충분한 재화가 필요하다는 사실을 부정하지 않았다. 다만 중용의 덕에 입각하여 이러한 외적 가치를 추구할 때 가장 이상적인 삶에 이를 수 있다고 보았다. 외적 가치 못지않게 스스로 판단하기에 '이 정도면 됐다'라고 생각할 '충분함'이 있어야 좋은 삶을 살 수 있다고 본 것이다.

아리스토텔레스만 이러한 생각을 한 것은 아니다. 유럽과 아시아 사람들의 경제에 대한 사고방식도 이와 유사하다. 유럽과 고대의 인도, 그리고 중국에서는 모두 상업을 정치나 명상 수행의 아래에 있는 가치로 보았다. 중요한 것은 도덕적인 인간이 되는 것이고, 더욱 중요한 것은 명상 수련을 통해서 깨달음의 삶을 사는 것이었다. 이들에게 상업적 활동은 부차적인 것에 지나지 않았다. 만약 누군가가 돈 그 자체만 사랑하고 거기에 빠져 산다면 비난을 하거나 예외적인 현상으로 간주했다.

그런데 근대 경제학이 등장하고 나서부터 인간이 정말 필요로 하는 것과 욕구하는 것, 즉 필수품과 사치품의 구분이 없어지고 사용가치가 모두 교환가치로 대치되어버렸다. 사람들은 점차 자신이 충분히 가지고 있다거나 넉넉하다는 생각을 갖지 못하게 되었다. 자신이 어떤 위치에 있는지를 남과 비교하면서 더 많이 가지고자 달려갈 뿐이었다. 존 메이너드 케인스John

Maynard Keynes(1883~1946)는 인간은 돈을 좋아하고 좇는 본능을 가지고 있는데, 자신의 욕구가 어느 정도 충족되면 만족하게 될 것이라고 보았다. 즉 욕구는 언젠가 충족되어질 것이라고 생각한 것이다. 그는 새로운 욕구 창출의 역학이 생길 것을 미처 내다보지 못했다. 이것이 바로 스키델스키Skidelsky 부자父子가 『얼마나 있어야 충분한가』라는 책에서 지적하는 케인스의 오류이다(아버지인 로버트 스키델스키는 케인스 평전의 저자로 유명하다).

현대 자본주의 사회에서 살아가는 사람들은 어느 정도의 물질적 부를 가졌다고 해도 자신보다 더 많이 가진 사람이 늘 있게 마련이라 언제나 자기가 가진 것에 만족해하지 않는다. 이렇게 해서 더 많이 갖고자 하는 경쟁, 더 많이 소비하고자 하는 경쟁이 시작되고 삶의 목적에는 오로지 경쟁만 남게 된다. 케인스는 이렇게 개인의 욕구가 타인과의 비교 속에서 지속적으로 생겨나는 현상을 미처 생각하지 못했다. 욕구는 개인의 내면에서 발생하는 것이지만 사회적 성격을 갖는 것이기도 하다.

다른 사람들이 이미 가졌기 때문에 나도 갖고 싶어지는 재화를 밴드왜건 재화bandwagon goods라고 하는데, 이는 시기심과 연관되며 다른 사람들과 동일해지고 싶은 욕구를 반영한다. 남들이 입는 점퍼를 나도 입고 싶은 욕구가 이에 해당하며, 우리나라에서 한때 롱 패딩이 유행한 것은 이러한 욕구를 반영한다. 반면에 특이하고 고가라서 군중 가운데에서 돋보이고 싶은 욕구를 채워주는 재화가 있는데, 이것은 속물성 재화snob goods라고 불린다. 남들이 잘 안 하거나 못하는 것을 즐기는 것인데, 특별한 오페라나 컬트영화를 관람하고, 사람들이 잘 모르거나 비싸서 못 가는 특별한 맛집에 가는 것 등이 이에 해당한다. 그리고 이 두 가지 외에 욕구의 사회적 성격을 반영하는 재화로서 비싸기 때문에 또는 비싸다고 알려져 있어서 욕구의 대상이 되는 베블런 재화veblen goods가 있다. 이는 자신이 가진 부를 광고하는 기능을 한다. 과시적 소비가 대표적인 예이다. 문제는 이러한 재화를 통해 만족을 얻으려는 끝없는 욕구가 도를 넘으면 오히려 좋은 삶을 살지 못하게 된다는 것이다.

자본주의 경제는 위와 같은 사회적 성격의 재화를 지속적으로 생산해내면서 개인의 욕구를 조작한다. 언제나 새로운 시장을 만들어냄으로써 지위 경쟁의 범위를 넓혀놓고, 이 정도면 충분하다는 만족감을 우리의 생각 안에서 몰아낸다. 삶의 거의 모든 부분을 화폐적 가치로 측정하게 만들고 그 영역을 넓힘으로써 돈 그 자체에 대한 사랑에 불을 붙인다. 스키델스키 부자는 다음과 같이 말한다.

자본주의는 파우스트적 협상을 기초로 세워졌다. 탐욕과 고리대금이라는 악마는 인간을 빈곤에서 벗어나게 해준 다음 무대를 떠날 것이라는 조건 아래서 해방되었다. 풍요의 낙원이 도래할 것이고, 모든 인간은 과거의 행복한 소수 사람들이 살았던 것처럼 살아갈 수 있다. (……) 그러나 동화가 항상 그렇듯이 악마의 계약은 말뿐이다. 실제로는 지켜지지 않는다. 지금 우리가 과거 어느 때보다 부유한 것이 사실이며, 노동시간도 케인스가 예견했던 것만큼은 아니어도 줄어들기는 했다. 그러나 풍족함의 낙원은 오지 않았다.[2]

자본주의 사회에서 충분함의 가치를 다시 살리려면 무한경쟁에서 벗어나기 위한 노력이 필요하다. 먼저 애덤 스미스의 경제 이론을 일방적으로 자유주의로 곡해하는 관점에서 벗어나 그가 『도덕감정론』(1759년) 등에서 말하고자 했던 것과 연계하여 총체적으로 이해할 필요가 있다. 소득의 격차를 통해 지위 경쟁을 유도하기보다는 소득 불평등을 줄이기 위한 사회정책이 있어야 할 것이다. 다음으로, 노동자들이 일의 압력에서 벗어날 수 있어야 하며, 더 적게 일해도 충분히 살 수 있는 정책의 뒷받침이 있어야 한다. 이와 관련하여 기본소득 구상을 생각해볼 수 있다. 기본소득을 지급할 경우, 필수품으로 정해진 물건을 구입하도록 명시하고 여가 교육을 통해 게으름을 방지해야 할 것이다. 마지막으로, 소비하라는 압력을 줄이고 광고도 줄일 필요가 있다.

스키델스키 부자는 결론적으로 좋은 삶을 위한 기본재 일곱 가지를 건강, 안전, 존중, 개성, 자연과의 조화, 우정, 여가 등으로 제시했다. 그들은 좋은 삶이 지니고 있는 질적인 측면에 주목하여 그것의 보편성을 추구해야 한다고 본 것이다. 근대 경제학은 이러한 질적 가치를 외면하고 오로지 생산력과 구매력 수치만으로 한 국가의 발전 정도를 평가해왔다. 그러나 GDP(국내총생산)나 GNP(국민총생산) 숫자가 그 사회 안에 살고 있는 사람들의 질적인 삶의 측면을 다 보여주는 것은 아니다. OECD(경제협력개발기구) 국가와 그 외 국가의 행복지수만 비교해보아도 잘 알 수 있는 사실이다.*

---

*   이와 관련하여 더 읽어볼 책으로는 헬레나 노르베리 호지의 『오래된 미래』와 에른스트 슈마허의 『작은 것이 아름답다』 등이 있다.

24

세계시민의
길

소통과 연대

오늘날 우리 앞에 놓인 과제는 근대
과학과 계몽의 토대를 형성한 피타고라스의 마법에서 벗어나
기계적 이분법과 객관주의를 극복하는 일이다. 우리는 한편으
로 근대의 민주주의와 개인주의를 수용하면서 공감과 도덕성
을 회복하고 상호주관성에 바탕을 둔 공동체를 이룩해나가야
하는 지점에 서 있다. 볼테르와 몽테스키외, 디드로 등 계몽사상
가들은 주로 도시의 카페에 모여 자유롭게 자신의 생각을 표현
하고 토론 활동을 벌이며 그들의 사상을 전개했다. 근대 시민혁
명은 바로 이러한 공론장에서 싹텄다고 할 수 있는데, 하버마스
는 공론화 과정의 토론 활동 자체에서 진정한 의미의 민주주의
의 핵심을 본다. 공론화 과정에서 형성된 근대 정치철학이나 관

료주의적으로 변질된 민주주의 제도가 아니라 그것들을 뒷받침하는 과정 그 자체에서 민주주의의 원형을 본 것이다. 이는 한나 아렌트Hannah Arendt(1906~1975)가 미국 건국 당시의 민주주의 형태를 이상형으로 보는 것과도 그 궤를 같이한다.

근대 시민혁명 이전에는 단지 지배 집단에 의해서 소집되는 과시 형태의 공론장만 존재했다고 할 수 있다. 귀족이나 왕이 내놓는 말이 여론이고 그것이 국민 다수의 의견을 대표하는 것으로 간주되었을 뿐, 개인은 그것에 이의를 제기하거나 국가행정에 참여할 수 없었다. 하버마스가 말하는 부르주아 공론장은 근대에 새롭게 등장한 상공인 계층이 자신의 의견을 표출하기 시작하면서부터 생겨난 자유로운 토론의 공론장이다.

근대 민주주의의 원형은 이렇게 각자 자신의 의견을 내놓고 토의하면서 다수의 의견을 모아 공론을 형성하는 과정 그 자체에 있는데, 이것이 관료화되면서 그 원형은 상실되고 단지 의례적인 절차와 형식만 지배하게 되었다. 그 결과 숫자로 표시되는 다수결에 의한 민주주의가 민주주의라는 이름으로 정당화되고 정작 그 자리에 있어야 할 의사소통 행위는 망각되고 말았다. 특히 자유로운 토론의 장이어야 할 문화산업은 많은 경우 특정한 이해집단의 이데올로기를 대변하거나 권력 또는 돈의 노예가 되어 돈벌이 수단으로 전락해버렸다. 이 과정에서 민주주의의 핵심 구조인 의사소통 행위는 사라지고 잡담과 황색 저널

리즘이 그 자리를 차지했다.

하버마스는 근대 민주주의 공론장의 구조가 변동되어 관료화됨으로써 상실된 민주주의의 회복은 이상적인 의사소통 행위의 복권에 있다고 본다. 그는 근대 이후 현대에 이르는 과정에서 망각된 부르주아 공론장의 전통을 복권하려고 한다. 인간은 타인과 소통하며 살아가는 존재이므로 우리의 주체성은 의사소통 행위와 합의를 통해 상호주관성을 획득해가는 과정에서 형성된다는 것이 그의 주장이다. 개인 및 개인의 언어활동과 관계없이 사회를 단지 시스템들의 연관으로 이해하거나 통계를 바탕으로 하여 추상적 실체로 이해할 경우 개인의 삶이 위치하고 있는 생활세계의 다양하고 복잡한 현상을 간과할 수밖에 없다. 그러므로 그동안 망각되었던 현실에 대한 복권이 중요하다. 하버마스는 합의consensus에 이르는 과정을 상호주관성 획득의 과정으로 본다.

하버마스는 자신의 저서『공론장의 구조 변동』에서 18세기 중엽에 유럽의 여러 도시에 살롱과 커피하우스가 등장하면서 자유로운 시민들이 참여하는 담론이 형성되었고, 이를 통해 기존의 '과시적 공공성'이 담론에 의한 근대 민주주의의 공적 영역으로 이동하는 것이 가능해졌으며, 이것이 프랑스 혁명에서 완성되었다고 보았다. 그리고 이어서『의사소통 행위 이론』에서는 존 랭쇼 오스틴John Langshaw Austin(1911~1960)이라는 영국 철학자의 수행 발화 이론을 민주주의적 담화 절차에 적용하여 '절차적 민주주의'의 가능성을 논의한다. 이와 더불어 그는 윤리적 판단 역시 민주주의적 절차에 기초한 담화를 통해 가능해질 것이라고 보았다.

근대 민주주의 혹은 근대가 추구한 이성을 통한 체계의 확립은 하버마스가 보기에 아직 미완의 과제이다. 그는 서양의 근대인들이 발견한 근대성은 극복되어야 할 것이라기보다는 아직 완성이 필요한 상황에 있다고 보았다. 하버마스는 유럽연합, WTO(세계무역기구), IMF(국제통화기금)와 여러 비정부기구(단체)가 등장한 현실에서 '초국가적 민주주의'라는 새로운 대안을 제시했다. 그는 근대의 국민국가가 개인에서 출발해 이들의 합의를 통해 만들어지는 민족국가nation state로 발전되었던 것처럼, 세계적인 차원에서 '초국가적 민주주의'의 거버넌스governance(협치)가 형성될 수 있다고 보았다.

이러한 하버마스의 관심의 확장은 변화된 현재의 지구촌 사회를 반영한다. 근대 국가의 형성기와 달리 지금은 교환이나 의사소통이 특정한 국가나 인접한 국가들 사이에서만 일어나는 것이 아니라 지구촌 전체에서 일어나기 때문이다. 이렇게 변화된 세계 속에서 근대 민주주의 이념의 토대인 의사소통을 실현하고자 한다면 우리는 한 민족국가의 시민인 동시에 세계시민 국가의 구성원으로서 주권자의 역할을 수행해야 한다.[1] 하버마스는 이렇게 변화된 세계 속에서 절차적 민주주의와 더불어 상호 의사소통을 통해 새로운 가치에 대한 합의를 도출해내어 국제적 차원에서의 근대성을 완성해보고자 한다. 이러한 하버마스의 입장을 클라우스 저드 기젠Klaus-Gerd Giesen은 '제2의 근대성'으로 명명하면서 전통의 권위로부터 벗어난 합리화 과정인 '제1의 근대성'과 대비시킨다. 이 '제2의 근대성'은 이미 '제1의 근대성'에서 시도한 '합리화'를 더욱더 합리화하는 '반성적 근대성'의 과정이라고 할 수 있다는 것이다.[2] 초국가적 민주주의의 성취는 서양의 근대 계몽주의자들이 표방했던 세계시민주의의 완성이 될 것으로 보인다.

앞에서 언급했듯이, 「계몽이란 무엇인가에 대한 답변」에서 칸트는 인간이 타고난 이성을 사용해서 감히 알려고 해야 함을 강조했다. 그리고 이성을 사적 이성과 공적 이성으로 나눈 다음 공적 이성을 활용하여 자유로운 토론이 가능해야 한다고 주장했다. 또한 그는 이성의 공적 사용을 가능하게 하는 국제적 단위의 기구를 제안하며 영구 평화의 가능성을 전망한 바 있다. 현재 이러한 기구는 이미 존재한다. 문제는 그것이 제대로 작동되지 않는다는 점이다. 따라서 중요한 것은 그 기구가 제대로 작동할 수 있도록 압박하는 세계시민의 연대이다. 미얀마나 시리아에서 일어나는 일들이 결코 우리와 상관없는 먼 국가에서 일어나는 일이 아니라 인류 전체와 연관된 문제라고 인식하여 해결을 위해 연대하는 정신이 필요한 것이다. 그러한 국제적 연대는 일순간 사람들이 모임으로써 형성되는 것이 아니다. 평소에 교육 등을 통해 세계 속에서 자기가 할 수 있는 일이 무엇인가를 성찰하고, 다른 국가 시민들과의 만남과 교류를 통해 공감을 확장해 나가는 실천이 그 바탕에 깔려 있어야 한다. 이를 통해 우리는 18세기 계몽사상가들이 표방했던 세계시민주의의 이상에 한 걸음씩 가까이 다가갈 수 있을 것이다. 이런 의미에서 계몽은 시대마다, 또 나라마다 다르게 진행된 과거의 사건이면서 동시에 각기 자신의 한 시대를 사는 지성인이라면 당연히 자각하고 성취해야 할 현재 진행의 사건이다.

주
___

02 | 세상을 수로 파악하기

1) EBS 「문명과 수학」 제작팀, 『문명과 수학』, 민음인, 2014년, 44~46쪽.
2) 같은 책, 72~95쪽.
___

04 | 창조주는 기하학자였을까?

1) 플라톤, 박종현·김영균 옮김, 『티마이오스』, 서광사, 2016년, 194쪽.
2) 같은 책, 192~193쪽.
3) 와쓰지 데쓰로, 서동은 옮김, 『인간과 풍토』, 필로소픽, 2018년, 204~215쪽.
4) 브로노프스키·매즐리시, 차하순 옮김, 『서양의 지적 전통 : 다 빈치에서 헤겔까지』,
   학연사, 2003년.
___

05 | 마술의 세계에서 벗어나는 인간

1) Oskar Becker, *Grundlagen der Mathematik in geschichtlicher Entwicklung*, Frankfurt
   am Main(1955), p. 18.
___

06 | 철학은 신학의 시녀가 아니다!

1) 에띠엔느 질송, 강영계 옮김, 『중세철학입문』, 서광사, 1983년.
___

07 | 말씀의 종교에서 수학의 종교로

1) 브로노프스키·매즐리시, 차하순 옮김, 『서양의 지적 전통 : 다 빈치에서 헤겔까지』,
   학연사, 2003년, 153쪽.
2) 같은 책, 152~153쪽.
3) 스티브 F. 메이슨, 박성래 옮김, 『과학의 역사 1』, 까치, 1990년, 217쪽.
4) 같은 책.

08 | 감히 알려고 하라

1) 호르스트 슈투케, 남기호 옮김, 『코젤렉의 개념사 사전 6 : 계몽』, 푸른역사, 2014년,
  28쪽.
2) Steven Pinker, *Enlightenment Now: the Case for Reason, Science, Humanism, and
  Progress*, Viking(2018), p. 8.
3) 같은 책, 8쪽.
4) 위르겐 하버마스, 한승완 옮김, 『공론장의 구조변동』, 나남, 2001년.
5) 피터 게이, 주명철 옮김, 『계몽주의의 기원』, 민음사, 1998년.

09 | 자유와 평등을 추구한 시민혁명

1) 존 로크, 강정인·문지영 옮김, 『통치론 : 시민정부의 참된 기원, 범위 및 그 목적에
  관한 시론』, 까치, 2016년, 93쪽.
2) 같은 책, 122~123쪽.

10 | 인권 선언이 외면한 여성의 인권

1) 린 헌트, 전진성 옮김, 『인권의 발명』, 돌베개, 2009년, 46~82쪽.
2) 같은 책, 130쪽.
3) 같은 책, 176쪽.

13 | 문명의 충돌

1) 홍대용, 김태준·김효민 옮김, 『의산문답』, 지만지, 2008년, 70~78쪽.
2) 홍대용, 김태준·박성순 옮김, 『산해관 잠긴 문을 한 손으로 밀치도다 : 홍대용의
  북경 여행기 〈을병연행록〉』, 돌베개, 2001년, 182~191쪽.
3) 모한다스 카람찬드 간디, 김선근 옮김, 『힌두 스와라지』, 지만지, 2008년,
  104~109쪽.

14 | '철학'이라는 번역어에 담긴 철학

1) 高坂史朗, 「西周の「哲学」と東アジアの学問」, 『東アジア研究』第14·15合併号,
  2008年 3月, 一五二.

15 | 손님의 언어와 주인의 언어

1) 야나부 아키라, 김옥희 옮김, 『번역어의 성립』, 마음산책, 2011년, 24쪽.

16 | 계몽에 도전하는 낭만주의

1) 덩컨 히스, 주디 보럼 그림, 이수명 옮김, 『낭만주의』, 김영사, 2002년, 7쪽.
2) 이사야 벌린, 강유원·나현영 옮김, 『낭만주의의 뿌리 : 서구 세계를 바꾼 사상
혁명』, 이제이북스, 2005년, 68쪽.

19 | 문명에 대한 새로운 관점들

1) E. F. 슈마허, 이상호 옮김, 『작은 것이 아름답다 : 인간 중심의 경제를 위하여』,
문예출판사, 2003년.
2) 에리히 프롬, 차경아 옮김, 『소유냐 존재냐』, 까치, 1996년.

20 | 과학의 마법에서 벗어나기

1) 에른스트 카시러, 오향미 옮김, 『인문학의 구조 내에서 상징형식 개념 외』, 책세상,
2002년, 15쪽.

21 | 과학만능주의의 위험성

1) 한스 요나스, 이유택 옮김, 『기술 의학 윤리 : 책임 원칙의 실천』, 솔, 2005년.
2) 같은 책, 210쪽.

23 | 돈의 노예에서 벗어나려면

1) 이진경, 『근대적 시·공간의 탄생』, 그린비, 2010년.
2) 로버트 스키델스키·에드워드 스키델스키, 김병화 옮김, 『얼마나 있어야 충분한가』,
부키, 2013년, 120쪽.

24 | 세계시민의 길

1) Klaus-Gerd Giesen, *The post-national constellation: Habermas and 'the second
modernity'*, in: Res Publica 10(2004), p. 3.
2) 같은 책, 10쪽.

참고문헌

◎ 국내서

- E. F. 슈마허, 이상호 옮김,『작은 것이 아름답다 : 인간 중심의 경제를 위하여』,
  문예출판사, 2003년.
- EBS「문명과 수학」제작팀,『문명과 수학』, 민음인, 2014년.
- 덩컨 히스, 주디 포럼 그림, 이수명 옮김,『낭만주의』, 김영사, 2002년.
- 로버트 스키델스키·에드워드 스키델스키, 김병화 옮김,『얼마나 있어야
  충분한가』, 부키, 2013년.
- 로버트 하일브로너, 장상환 옮김,『세속의 철학자들』, 이마고, 2012년.
- 리디아 리우, 민정기 옮김,『언어 횡단적 실천』, 소명출판, 2005년.
- 린 헌트, 전진성 옮김,『인권의 발명』, 돌베개, 2009년.
- 모한다스 카람찬드 간디, 김선근 옮김,『힌두 스와라지』, 지만지, 2008년.
- 박만엽,『비트겐슈타인 수학철학』, 철학과현실사, 2008년.
- 버트런드 러셀, 임정대 옮김,『수리철학의 기초』, 경문사, 2002년.
- 브로노프스키·매즐리시, 차하순 옮김,『서양의 지적 전통 : 다 빈치에서
  헤겔까지』, 학연사, 2003년.
- 브리태니커 편찬위원회, 이정인 옮김,『브리태니커 필수 교양사전 : 근대의 탄생』,
  아고라, 2014년.
- 서동은,『곡해된 애덤 스미스의 자유경제 : 세월호, 메르스, 공감의 경제학』,
  길밖의길, 2015년.
- 서재필기념회,『선각자 서재필 : 민족을 위한 '희망의 씨앗'을 뿌리다』,
  기파랑, 2014년.
- 서재필기념회 편,『서재필과 그 시대』, 2003년.
- 스테판 쾨르너, 최원배 옮김,『수학철학 : 논리주의·형식주의·직관주의의
  이해와 비판』, 나남, 2015년.
- 스티븐 F. 메이슨, 박성래 옮김,『과학의 역사 1』, 까치, 1990년.
- 애덤 스미스, 박세일·민경국 옮김,『도덕감정론』, 비봉, 2009년.
- 야나부 아키라, 김옥희 옮김,『번역어의 성립』, 마음산책, 2011년.

- 에드문트 후설, 이종훈 옮김, 『유럽학문의 위기와 선험적 현상학』, 한길사, 2016년.
- 에띠엔느 질송, 강영계 옮김, 『중세철학입문』, 서광사, 1983년.
- 에른스트 카시러, 박완규 옮김, 『계몽주의 철학』, 민음사, 1995년.
- 에른스트 카시러, 오향미 옮김, 『인문학의 구조 내에서 상징형식 개념 외』, 책세상, 2002년.
- 에른스트 카시러, 최명관 옮김, 『인간이란 무엇인가』, 창, 2008년.
- 에리히 프롬, 차경아 옮김, 『소유냐 존재냐』, 까치, 1996년.
- 에릭 홉스봄, 김동택 옮김, 『제국의 시대』, 한길사, 1998년.
- 오가와 히토시, 김영주 옮김, 『애덤 스미스, 인간의 본질』, 이노다임북스, 2015년.
- 와쓰지 데쓰로, 서동은 옮김, 『인간과 풍토』, 필로소픽, 2018년.
- 위르겐 하버마스, 한승완 옮김, 『공론장의 구조변동』, 나남, 2001년.
- 이광린, 「서재필의 개화사상」, 〈동방학지〉 18집, 1978년.
- 이광연, 『피타고라스가 보여주는 조화로운 세계』, 프로네시스, 2006년.
- 이사야 벌린, 강유원·나현영 옮김, 『낭만주의의 뿌리 : 서구 세계를 바꾼 사상 혁명』, 이제이북스, 2005년.
- 이진경, 『근대적 시·공간의 탄생』, 그린비, 2010년.
- 제임스 랙서, 김영희 옮김, 『민주주의란 무엇인가』, 행성비, 2011년.
- 존 로크, 강정인·문지영 옮김, 『통치론 : 시민정부의 참된 기원, 범위 및 그 목적에 관한 시론』, 까치, 2016년.
- 존 스튜어트 밀, 박홍규 옮김, 『자유론』, 문예출판사, 2009년.
- 지즈강, 권수철 옮김, 『수학의 역사』, 더숲, 2015년.
- 플라톤, 박종현·김영균 옮김, 『티마이오스』, 서광사, 2016년.
- 피터 게이, 주명철 옮김, 『계몽주의의 기원』, 민음사, 1998년.
- 한스 요나스, 이유택 옮김, 『기술 의학 윤리 : 책임 원칙의 실천』, 솔, 2005년.
- 헬레나 노르베리 호지, 양희승 옮김, 『오래된 미래』, 중앙북스, 2015년.
- 호르스트 슈투케, 남기호 옮김, 『코젤렉의 개념사 사전 6 : 계몽』, 푸른역사, 2014년.
- 홍대용, 김태준·김효민 옮김, 『의산문답』, 지만지, 2008년.
- 홍대용, 김태준·박성순 옮김, 『산해관 잠긴 문을 한 손으로 밀치도다 : 홍대용의 북경 여행기 〈을병연행록〉』, 돌베개, 2001년.

◎ 해외서

- Alfred North Whitehead, Bertrand Russell, Vorwort und Einleitungen Mit einem Beitrag von Kurt Goedel, *Principia Mathematica*, Frankfurt am Main, 1999.

- Allen Donald, *Phytagoras and Phytagoreans*, 1999.
- Bertrand Russell, *A history of western philosophy*, New York, 1946.
- Edmund Husserl, *Philosophie der Arithmetik*, Hamburg, Bd.1. 1992.
- Klaus-Gerd Giesen, *The post-national constellation: Habermas and 'the second modernity'*, in: Res Publica 10. 2004.
- Oskar Becker, *Grundlagen der Mathematik-in geschichtlicher Entwickung*, Frankfurt am Main, 1955.
- R. G. Collingwood, *The Idea of Nature*, New York, 1945.
- Steven Pinker, *Enlightenment Now: the Case for Reason, Science, Humanism, and Progress*, Viking, 2018.
- Stewart Shapiro, *Thinking about mathematics: the philosophy of Mathematics*, Oxford, 2000.
- Thomas Tylor, (tr.), *Iamblichus' Life of Phythagoras, or Phytagoric Life*, Lodon, 1818.
- 高坂史朗,「西周の「哲学」と東アジアの学問」,『東アジア研究』第14・15合併号, 2008年 3月.
- 森毅,『魔術から 數學へ』, 講談社, 2006.
- 量 義治,『西洋近世哲學史』, 講談社, 2010.
- 池田清彦,『科學とオカルト』, 講談社學術文庫, 2007.
- 村上陽一郎,『近代科學を超えて』, 講談社, 2013.

계몽의 시대
사상의 전통과 가치

초판 1쇄 인쇄 2022년 3월 10일
초판 1쇄 발행 2022년 3월 16일

지은이 서동은
펴낸이 박남숙

펴낸곳 소소의책
출판등록 2017년 5월 10일 제2017-000117호
주소 03961 서울특별시 마포구 방울내로9길 24 301호(망원동)
전화 02-324-7488
팩스 02-324-7489
이메일 sosopub@sosokorea.com

ISBN 979-11-88941-74-2 04300
979-11-88941-72-8 (세트)

책값은 뒤표지에 있습니다.

이 책 내용의 일부 또는 전부를 재사용하려면 반드시 (주)소소의 동의를 얻어야 합니다.
잘못 만들어진 책은 구입하신 서점에서 교환해드립니다.